少年读懂用对
尼采的人生哲学

符马活 编著
九灵 绘

我最近总是发火，伤害到身边的人，事后我很是后悔。

怒火是可以控制的。

花山文艺出版社
河北·石家庄

图书在版编目（CIP）数据

少年读懂用对尼采的人生哲学 / 符马活编著；九灵绘. -- 石家庄：花山文艺出版社，2023.11
ISBN 978-7-5511-0555-2

Ⅰ. ①少… Ⅱ. ①符… ②九… Ⅲ. ①尼采（Nietzsche, Friedrich Wilhelm 1844-1900）—哲学思想—青少年读物 Ⅳ. ①B516.47-49

中国国家版本馆CIP数据核字（2023）第171191号

书　　　名：少年读懂用对尼采的人生哲学
Shaonian Du Dong Yong Dui Nicai de Rensheng Zhexue

编　　　著：符马活
绘　　　者：九　灵
责任编辑：温学蕾
责任校对：杨丽英
封面设计：廖若淞
美术编辑：王爱芹　杨　龙
出版发行：花山文艺出版社（邮政编码：050061）
　　　　　（河北省石家庄市友谊北大街 330号）
印　　　刷：北京世纪恒宇印刷有限公司
经　　　销：新华书店
开　　　本：700毫米×1000毫米　1/16
印　　　张：12
字　　　数：140千字
版　　　次：2023年11月第1版
　　　　　　2023年11月第1次印刷
书　　　号：ISBN 978-7-5511-0555-2
定　　　价：48.80元

（版权所有　翻印必究·印装有误　负责调换）

给家长和孩子的话

孩子应该如何过好这一生呢?

在这个短视频流行的年代,每个"人生导师"都在向大众灌输一大堆道理,然而,道理听得再多,也不一定能过好一生。这是因为,生活中总会有突如其来的小事让人烦恼,比如:为什么别人都有特长,我却没有?什么都想要该怎么办?为什么没有人喜欢我?学习好辛苦,有什么乐趣呢……烦恼多了,孩子就会陷入失落的情绪里,日渐颓丧,对生活失去热情和信心。

为了帮助孩子解决这些人生小烦恼,我编写了《少年读懂用对尼采的人生哲学》这本书。

尼采是十九世纪一位伟大的哲学家,他的哲学本质上是对生命的歌颂。他曾说:"每个不曾起舞的日子都是对生命的辜负。"他希望人能成为意志坚强的战士,克服千难万险,从容接受人生中的任何挑战,从而获得生命中更大的快乐。

本书用浅显易懂的语言,配以故事和漫画,轻松愉快地向孩子展示了尼采的人生哲学，让孩子学会辩证思考，明白很多时候，换一个角度思考，问题就能迎刃而解。不自信、太急躁、害怕别人不喜欢自己的时候，都可以在尼采哲学中找到解决问题的办法。

通过《少年读懂用对尼采的人生哲学》这本书，孩子会知道每个人都有潜能等待去发掘，学会满足，不是所有人都会喜欢自己，坚持学习，每天进步一点点就是一种乐趣……做到这些后，孩子生活中的烦恼就会减少很多，心胸自然会开阔起来，对接下来的人生之路也会充满期待；同时，孩子会拥有一颗包容之心，懂得接纳自己和他人。

不管你的孩子是在顺境之中，还是正经历着成长的小挫折，《少年读懂用对尼采的人生哲学》这本书都能对他有所帮助。把尼采的人生哲学带进孩子的日常生活，让他们轻松快乐地成长吧！

目 录

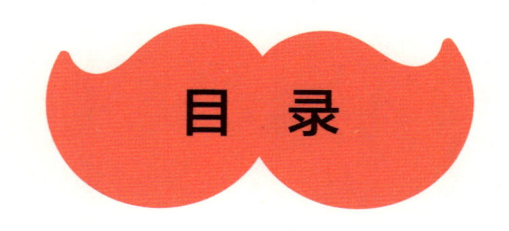

2   无论是谁，都有一技之长
8   用行动才能赢得信赖
14   学会满足才能体会幸福
20   怒火是可以控制的
26   有时候太急躁，反而会让简单的事情变麻烦
32   有了自制力，才能做自己行为的主人
38   诚实，不仅是对他人不撒谎，也包括不糊弄自己
44   帮助别人，是一件体验感很好的事情
50   每天进步一点点就很厉害了
56   快乐很重要
62   刚开始时，总能享受学习的乐趣，但贵在坚持
68   不要被占有欲控制了
74   不要不高兴了，要学会享受当下
80   制订计划只是第一步
86   爱干净的人更容易感到幸福
92   把冷言冷语换成温暖的话吧
98   克服恐惧，勇敢尝试一次吧

- 104 被批评也没什么大不了的
- 110 被表扬后要保持谦虚
- 116 有时候，显得笨笨的也很可爱
- 122 不能要求所有人都喜欢你
- 128 责备别人的时候，也暴露了自己的脾气坏
- 136 送礼物要有度
- 142 别老想别人该如何如何
- 150 没有思考，体验就没有价值
- 156 遵守约定，不让别人等待
- 162 不要吹嘘自己
- 168 耐心一点儿，静静等候事情完成
- 174 热爱学习的人，不会感到无聊
- 180 做好收尾工作，才算真正完成一件事情

每一个不曾起舞的日子,
都是对生命的辜负。

——尼采

无论是谁，都有一技之长

你有什么特长吗？是画画、跑步，还是唱歌？

如果现在还没有，也不要着急，我们慢慢去找……总能发现的。

我好像没什么特长，好难过啊！

尼采说了什么

　　无论是谁，都有一技之长。而且这一技之长，是只属于他自己的。

　　有些人很早便发现了自己的特长，并利用特长取得了成功；有些人一辈子都没弄清楚自己究竟有什么本领；有些人凭借一己之力发现了自己的特长；而有些人则参考世人的反应，不断摸索自己的本领究竟是什么。总之，只要你百折不挠，不断发现和挑战，总能发现自己的一技之长。

——编译自《人性的，太人性的》

苗苗所在的学校在筹备春季运动会，要求每个学生至少要参加一个项目。这可把苗苗愁坏了，因为她在脑子里把各种舞台和赛道过了一遍，最终发现自己很菜，没有任何特长。

同桌小美却很兴奋，她建议说："苗苗，我们一起跑一百米吧！"

苗苗说："不行不行，我跑五十米就感觉胸口要爆炸了。"

小美继续出主意："要不跳绳吧。"

苗苗说："不行不行，我跳绳老绊脚。"

这时，老师说话了："有体育特长的同学们别着急，项目跑不掉的。没有体育特长的同学们也别着急，从现在开始选一样儿，练起来，时间还来得及！"

老师都这样说了，苗苗就勉强报了个短跑项目。可是，练了好几天，她还是被人远远甩在后面，这下她彻底灰心了。

回到家，苗苗蔫蔫地跟爸爸说："我可真是我们老师带的最差的一个学生。"

爸爸瞪大了眼睛说："没关系的，明天早起！爸爸陪你一起练！"

爸爸说着就踮起脚，做起了伸展运动，感觉随时都要冲出家门了，可苗苗根本就提不起兴致："我学习也一般，文艺表演也选不上我，我好像什么特长都没有。"

"哎！"爸爸说，"我可不允许你这样说自己啊，谁说你没特长？你会烤蛋糕，你还会做陶艺，做手工不就是你的强项吗？要是你们学校有手工大赛，把你刺绣的那些鱼啊、花啊，带到学校去，还不稳稳拿个第一？"

缺乏自信的同学很容易认为自己一无是处，做什么都不行。其实，每个人都有自己的长处和优点，有些时候，只是它们还没有被发现而已。还有些同学很容易把"特长"局限在学习这件事情上，其实，人的特长可以体现在各个方面，除了学习和体育，还有画画、玩魔方、唱歌；也包含善于表达、阅读速度快、动手能力强等。

　　有时候，寻找一技之长需要多点儿耐心和时间。就比如诺贝尔化学奖获得者奥托·瓦拉赫。他中学时想专攻文学，可是苦学一个学期后，老师对他的评语是："瓦拉赫很用功，但性格过分拘泥，这样的人绝不可能在文学上有所建树。"后来他又改学油画，可是他又发现，自己对艺术的理解力也很差。最后，他终于在化学实验里发现了自己的特长，于是他在化学领域一生钻研，最终荣获了诺贝尔化学奖！

> 有体育特长的同学们别着急，项目跑不掉的。没有体育特长的同学们也别着急，从现在开始选一样儿，练起来，时间还来得及！

找到属于自己的特长是一个过程。

在这个过程中，需要你自己不断去探索和发现。

用行动才能赢得信赖

如何才能赢得别人的信赖呢?光凭嘴上说说是不行的,必须得付出实际的行动才可以。

没有人比我更靠谱了!

尼采爷爷说了什么

那些四处宣扬自己值得信赖的人,反而无法取得他人的信赖。因为会说这些话的人,不是沉醉在自我之中的自恋狂,便是因为太爱自己而无法认清自己的人。

想要赢得他人的信赖,不必用言辞反复强调,而应当以行动示人。而且,只有真挚的举动,才能打动人心。

——编译自《人性的,太人性的》

真糟糕！冬冬迷上电子游戏了！小小年纪，就体会了上瘾的感觉——那就是小脑袋瓜儿里无时无刻不在想着打游戏。

他对学习越来越没有兴趣了，上课时，他脑子里想的是游戏战斗的场面；晚上写作业的时候，也忍不住关上书房的门，悄悄玩两把……

不知不觉，迎来了期末考试。

冬冬语文只考了七十分。

老师让大家拿着试卷回家找家长签字，唉……这可把冬冬愁坏了。

吃饭的时候，冬冬心不在焉地扒拉着饭，心里一直想，该怎么说呢？

晚饭后，他还是没想好怎么开口，想着想着，他觉得最能解脱烦恼的方式就是玩两把游戏，于是又拿出平板电脑打了起来……

还是游戏好啊！一玩起来就忘记了烦恼……冬冬甚至没有注意到妈妈走了进来。平时好脾气的妈妈一看到冬冬在玩游戏，而他书桌上的语文试卷只有七十分，顿时火冒三丈："冬冬！上个月你是怎么答应我的？你是不是说你再也不玩电子游戏了？怎么还是偷偷玩呢？"

冬冬有点儿被吓到了，支支吾吾地说："妈妈，我是答应你了……可是……"

这时，爸爸也走了进来。

妈妈生气地转身对爸爸埋怨道："我就说，应该直接把平板电脑收走，你说不用，既然孩子承诺了，他就能做到……看到了吧？！你的信任就是这个结果！"

爸爸也气得头上要冒烟了，伸出手说："拿来吧！"

冬冬一听要收走他的平板电脑了,马上把它抱得紧紧的,连连说:"再相信我一次吧!我从今以后,就用它来学习,再也不玩游戏了……"

"没可能了!"妈妈严肃地说,"我们相信过你,但是,你自己没有珍惜这份信任,说到却做不到,那今天就别怪我们了!"

冬冬哇哇大哭,样子特别可怜。但哭也没用,平板电脑还是被妈妈拿走并锁起来了。

正如尼采爷爷所说:"想要赢得他人的信赖,不必用言辞反复强调,而应当以行动示人。"

做人,应该努力说到做到,信守承诺。

在生活里,当我们夸一个人人品好的时候,这个人一定有一个特点,那就是"言而有信"。他对自己的承诺很重视,答应了,就会努力做到。

如果我们说到的事情却经常做不到,那么即便是最亲的家人、最好的朋友,也不会再相信我们了。

是不是言而有信的人,光凭嘴上说说是不行的哟!

> 我就说,应该直接把平板电脑收走,你说不用,既然孩子承诺了,他就能做到……看到了吧?!你的信任就是这个结果!

如何让别人相信你？

咚咚
咚咚

是的，鳄鱼先生的名声不太好，但是它用实际行动表明了，它值得我们小鸟信赖。

鳄鱼先生，没想到你真的会和我们鸟类做朋友。

当然了，光嘴巴说说是没用的，眼见为实哟。

用行动证明。

学会满足
才能体会幸福

什么是满足？有一位古希腊哲学家认为，快乐的顶点就是"满足"。那么，到底拥有什么，才会感到满足呢？

尼采说了什么

　　古希腊哲学家伊壁鸠鲁追求快乐的活法，他所到达的顶点，是一种名叫"满足"的奢侈。

　　然而，这种奢侈所需要的东西并不多。即一座小小的花园，几棵无花果树，少许奶酪，三四位朋友。只需要这些，他就能过得很奢侈了。

　　　　——编译自《人性的，太人性的》

五一小长假，芊芊跟着爸爸妈妈去外地旅游了。

有一天晚上，他们去逛文创市集，芊芊好开心，这可比白天逛景点有意思多了。文创市集上有各种瓶瓶罐罐、铁艺、纸品、玩具、文具，看得人眼花缭乱。

购物真的会让人上瘾哟，这么一个摊位一个摊位逛下去，芊芊看上的小东西太多了，这个也要买，那个也要买，妈妈告诉她要适可而止："东西太多带不回去。"芊芊觉得妈妈说得有道理，于是适当控制了一下购买欲。可是，逛着逛着，她又忍不住要再买一个手工玩具。

爸爸有点儿不耐烦了："家里的玩具都堆成山了，不许买了！"

芊芊可怜巴巴地看着妈妈："妈妈，这些玩具是手工做的，全世界只有这个小摊子有的卖……"

妈妈对芊芊说："我们不能把所有喜欢的东西一口气都买完是不是？"

芊芊说："但是有些东西，这次错过了，就再也买不到了……"

妈妈说："我觉得吧，你现在应该把眼睛从那个没有买到的东西上收回来，然后打开你的袋子，看看你买过的这些……"

芊芊打开手里的袋子，是的，里面好多本子啊、小勺子啊、胶带啊、杯垫啊……

妈妈说："我给你一个小小的建议吧，刚刚不是买了一个本子吗？一会儿回到酒店，你就把你想要的东西都写在上面，将来你考试考好了，或者有进步了，再一样一样买来作为奖励，如何？"

芊芊觉得这个主意不错。从那以后，那个本子就成了她的心愿清单，她把想要的东西，都写了上去。一个学期过去了。有一天，芊芊闲得无聊，翻看那个本子，翻到了那天晚上没有买到的手工玩具的愿望，她突然感觉，好像并不是那么想拥有这个东西了，当时特别急迫想要那个东西的感觉没有了……

尼采爷爷说，快乐的顶点是满足，真是太对了！

人的欲望就像一个无底洞，是永远无法填满的，就像芊芊在文创市集上，买了那么多东西，还是想要下一个，而一旦得不到下一个，她就不会快乐。

一个不快乐的人，他一定是有各种各样的不满足。

要学会满足，首先，要多享用自己拥有的东西，可能它们已经够好，你不需要更多了呢。其次，要少跟别人比较，比较这事最不好了，经常会让我们陷入抱怨和嫉妒的消极情绪当中。学会满足，有时也意味着我们要学会等待，经过了等待而获得的东西，会让我们更快乐！

陷阱做好了，就等着小鸡们上钩了！

要是捉到两只，我就烤一只，卖一只！哈哈！要是捉到四只，我就烤两只，卖两只！

哈哈哈！快到我的陷阱里去吧！捉到四只我就赚了。

太过贪心，最后可能什么也得不到。

学会满足，不要太贪心，就能获得幸福快乐。

怒火是可以控制的

有时候，我们因为一些事感到非常生气，忍不住说出一些难听的话，甚至做出一些过分的举动，事后却常常感到后悔。为什么呢？因为我们没能控制住自己的脾气，伤害了身边的人。

> 妈妈，我都说了让你把彩纸放我书包里！全班就我一个人没带！

> 发脾气解决不了问题。带彩纸本来就是你的任务，不是吗？

尼采说了什么

愤怒只是一时冲动，可以自由控制。将怒气表达出来，便会给人以急躁的印象。我们能够自由处理、控制它们，就好像修整庭院里的花草、收获树木的果实一样。

——编译自《曙光》

今天是爷爷的生日，小美真想早点儿放学回家呀，因为家里有一桌子好菜和一个大蛋糕正等着她呢。

放学铃声一响，小美就迫不及待地跑到校车旁边排队。排在她前面的男生是小辉，他平日里就有点儿拖拖拉拉的，今天更是一边整理书包，一边排队。等到前面的同学都上车了，小辉还在磨蹭，这可急坏了小美，她忍不住催促道："小辉，你快点儿。"

小辉顿时不高兴了："催什么催！"

一听这话，小美想都没想，上去就推了小辉一把。

没想到，小辉突然摔倒在地，书包里的东西撒落一地，还哇的一声哭了出来。

班主任看见了，立刻赶过来扶起了小辉。

小美也吓得呆住了，她没想到自己居然会把小辉推倒。

班主任命令大家回到教室，再次强调排队坐车一定要安全第一，不能插队，不能互相推搡打闹，以免发生危险。最后，班主任点名批评了小美，并让小辉回家注意观察有没有摔伤。

回到家，一打开门，妈妈就问起了这件事，看来班主任给她打电话了。小美小声地辩解："我确实推了他，可还不是因为他动作慢，磨磨蹭蹭的吗？"

"所以你不觉得自己做错了，是吗？"妈妈听了小美的辩解，虽然生气，但还是耐心地问她，"那有时候你在家不好好吃饭，磨磨蹭蹭的，妈妈催你，你不听，我能打你吗？每个人都会有控制不住生气的时候，这个时候最好的做法就是冷静下来，等怒火过去了，然后再和对方好好沟通。这样才能解决问题。"

小美想了想，觉得妈妈说得有道理，于是她跟妈妈保证道："我下次一定不会这样了。"

第二天上学，小美发现小辉没来，这可把她吓坏了，她心想："小辉说不定正在医院检查呢，这可怎么办啊？"她越想越害怕，越想越后悔。

就在小美忐忑不安的时候，班主任来上课了，她说了一句："小辉同学因为家里有事请假了……"

听到这话，小美悬着的心总算放下来了，不过，她痛定思痛地想："以后遇到事情一定要冷静再冷静，不管发生什么事情，都要学会控制自己的脾气。"

生活中，我们总免不了遇到有小情绪、控制不住火气的时候，这其实很正常，可是如果不注意控制情绪，任由自己的怒火随意爆发出来，就很有可能伤害到我们的家人和朋友，不仅会让他们伤心难过，甚至可能激化矛盾，造成更大的冲突。而且，发完脾气以后，你会变开心吗？并不会的。你的问题解决了吗？其实也没有。对不对？

所以，我们还是要学会控制愤怒的情绪。

想要发火的时候，可以在心里提醒自己冷静再冷静，深呼吸，试着平复自己的情绪，也许过一阵子，你都记不起来是为什么生气了。

发怒并不能解决任何问题。

学会控制情绪，冷静下来后才能解决实际问题。

有时候太急躁，反而会让简单的事情变麻烦

急性子有时候是优点，做事情效率高。但是，急性子的人也容易毛毛躁躁的，把明明很简单的事情弄得很复杂。

我每天都给你浇水，你怎么还不开花呀？我都要急死了！

你都快把我浇死了，我还开什么花啊……

尼采说了什么

　　急躁的人无论面对何种情况，总会在事情尚未完结之时迫切地做出反应，表现出多余的言谈举止。

　　因此，再普通的事情，到他们手中都会变成麻烦事。

——编译自《曙光》

小宝是一个风一样的男孩。

他不仅跑步速度快，性子也是风风火火，做什么事情，都急得不得了。

每天早上，闹钟响了，他就跳起来，匆匆忙忙上厕所，急急慌慌洗脸，水溅得到处都是。吃早饭的时候，他端起碗就狼吞虎咽，妈妈让他慢点儿，他根本不听。一番风卷残云后，他穿上鞋提起书包就跑出家门，然后像一颗鱼雷一样，把自己"射进"校车。校车到了学校门口，他总是第一个冲下去，一溜烟跑进教室。

他是个急性子，也受不了别人慢吞吞的。

上周，老师布置线上阅读作业，说会按照小组合作完成的形式来打分。比如，哪个小组将录音作业最先完成并发到群里会得到"速度"分，然后老师再根据大家朗读的质量来综合评分。

小宝自然是早早就完成了任务的，可是他组内还有同学没有上传。

这些人！怎么可以慢吞吞的呢？"速度"分是最容易拿的分啊！不行，我绝不能让大家在速度上掉链子！很有集体荣誉感的小宝开始给小组成员打电话，催促他们上传作业。

"彤彤，赶紧交！什么？还有作业没写完？那你先交阅读作业再写啊，不都一样吗？"

"小海，阅读作业为什么还没上传？"

"杰森，就差你了！快点儿！快点儿！"

这么一通催下来，就导致平时朗诵水平很不错的彤彤发挥不稳，小海也是读得太着急，质量不过关，最后他们组排名垫底。

这就应了那句老话:"欲速则不达。"过于性急图快,反而达不到目的。

不是所有事情都需要速度的,有时候,我们需要慢工出细活。

急性子的人,往往也没耐心,而且他们火气会很大,爱发脾气、爱抱怨。就像尼采爷爷说的那样:再普通的事情,到他们手中都会变成麻烦事。

有的人会说脾气是天生的,其实不然,急性子是可以慢慢改变的。比如,尝试让自己慢下来,多做些搭积木、拼乐高、写毛笔字这样的练习,长时间专注地做一件精细的工作,急躁就会得到缓解。

另外,我们小孩子也可以有点儿"雅量"嘛,对待别人大度一点儿,不要斤斤计较,一个宽容的人,别人肯定不会说他是急性子了!

妈妈,我知道了,我尽量改正。

哎呀，树懒，你动作太慢了！

好——的——

树懒，你怎么老是跟不上节奏呢？

扑通

猴哥，你别着急。

猴哥，你别着急，别摔着了！

哎哟！

慢性子让人看得着急，急性子遇事情容易急躁。

控制好情绪，不急不躁才能把事情做好。

有了自制力，才能做自己行为的主人

自制力是一种我们每个人都需要的能力。如果没有自制力，我们就无法成为自己行为的主人。

> 你就别惦记玩游戏了，好好写作业吧。

尼采说了什么

切忌自以为是。别以为你听过"自制心"这个词，就能做到自制。自制，需要你拿出实际行动来。每天克制一件小事。若是无法轻易办到这一点，便无法称为有自制心。若是无法在小事上自制，就不可能在大事上自制。

自制，即控制自我。也就是说，你要抵制盘踞在心中的欲望，不被欲望所左右，成为自己行为的主人。

——编译自《人性的，太人性的》

苗苗有了第一颗蛀牙。

医生跟苗苗妈妈说，不能再让她吃太多甜食了。

"我也想控制自己，但我真的很喜欢吃蛋糕、巧克力、奶昔、甜筒、蛋挞……"苗苗说着说着竟咽起了口水。

"嚯，怎么还报上菜名儿了？"医生哭笑不得地打断她，"你知道应该控制自己，就拿出实际行动啊。这些甜食今后都要少吃，而且每天晚上刷完牙后不能再吃东西了，能做到吗？"

"能！"苗苗说。

"太难了！"苗苗心想。

第二天，他们家的冰箱和零食柜里，所有的甜食都不见了。但是，苗苗偷偷在枕头底下藏了巧克力。几个月后，她又多了一颗蛀牙。

吱吱吱吱！她躺在牙医诊所的椅子上，被牙医的钻头吓得浑身发抖，疼得眼泪直流。

妈妈站在一旁纳闷地说："明明监督着她不让吃了呀，怎么还严重了？"

医生叹着气说："要是牙齿彻底坏掉，治疗也不管用的时候，你只能和爷爷奶奶一样装假牙。你这么小，就想装假牙了？"

苗苗这次真的害怕了。

这件事情后，苗苗开始真正地控制自己吃甜食了，并且开始认真刷牙。

一开始，她总得强压住肚子里的馋虫，看别人吃甜食就浑身不舒服。过了一阵子，她只要一想吃甜食，就提醒自己找点儿事做，分散注意力，比如看书、看动画片，或者出门打球、玩滑板。渐渐地，她发现，自己已经很长时间没怎么吃甜食了，而且吃甜食的欲望也没有那么强烈了。

苗苗的蛀牙情况控制住了，也没有再出现新的蛀牙，她很开心。原来，克制自己并没有那么难，克制自己的结果，会让我们变得更好呢！

在平时的生活中，那些家长和老师不让做的事，你或许也偷偷地做过一些，其实就是没有自制力的表现。虽然很多事看起来是小事，但没有自制力的小事，一件一件堆积起来，往往会带来很糟糕的后果。

学会克制自己，改掉坏习惯，你才不会被你的缺点牵着鼻子越走越远。

学会克制自己并不难，只要试着每天在一件小事上努力就行了。时间长了，习惯成自然，你的意志力会变强，自制力也就变强了。

你这么小，就想装假牙了？

在没人监督的情况下，更加需要自制力。

没有自制力的人做不好事情。

诚实，不仅是对他人不撒谎，也包括不糊弄自己

从小长辈们和周围的人就教我们要诚实。诚实，不仅仅是不对别人撒谎，也包括不对自己撒谎，不糊弄自己。

没关系，我一点儿也不孤单。

尼采说了什么

决不可糊弄自己、自欺欺人。要对自己永远诚实，了解自己究竟是什么人，究竟有着怎样的癖好，拥有怎样的想法，遇到事情会做出怎样的反应。

因为你如果不了解自己，就无法将爱感知为爱。无论是爱别人，还是被爱，首先都必须先了解自己。

——编译自《曙光》

苗苗是个可爱的女孩，她人缘特别好，无论是班里的同学，还是小区里的小伙伴，大家都喜欢和她玩。

有一天晚上，她在家里写作业，恰好妈妈出差，没人盯着，她感到很放松。

突然，楼下传来小伙伴丁丁的声音："苗苗，苗苗，快出来玩！"

苗苗顿时心里长草，本来舒舒服服的椅子瞬间变成了一块烧红的铁块，整个人有些坐不住了，于是她开始乱写一通，写完了也不检查，把书本和文具袋胡乱往书包里一塞，就下楼玩了。

第二天，她在写作业的时候，接到了妈妈的视频电话。妈妈在视频里叮嘱她好好写字，不许糊弄。

苗苗说："你放心吧，我好好写着呢。"

妈妈说："真的吗？真的好好写了？你确定你昨天的作业是好好写的？"

苗苗眼神躲闪地说："昨天？也……好好写了呀。"

妈妈有点儿生气了，说："苗苗，今天语文老师发微信告诉我，你昨天的字写得歪歪扭扭，'口'字都开始画圈了。"

苗苗撇了撇嘴，没说话。

妈妈继续说："你现在把昨天的作业本拿出来，翻开，自己看看吧。有没有认真写，事实就在那上面。你对我说你是好好写的，我会信吗？你自己信吗？"

听到妈妈这样说，苗苗的眼泪在眼眶里打转，倒不是委屈，而是有点儿羞愧。

过了一会儿，苗苗抬起头对妈妈说："妈妈，我错了。昨天我急着下楼和丁丁玩，就乱写了……"

妈妈点点头，说："那你今天认真写，别再糊弄了，好吗？"

"好的。"苗苗也冲妈妈点点头。

很多孩子都知道撒谎不是好习惯，可是有时候却又忍不住撒谎。像苗苗一样，在没有妈妈监督的情况下，就乱写一通，还以为撒谎就能蒙混过去。实际上，字就写在作业本上，写得好不好一看便知，欺骗不了别人，更欺骗不了自己。所以大家千万不要糊弄自己，要诚实地对待自己。

不对他人撒谎和对自己诚实，是同样重要的。自欺欺人，是每个人经常犯的错误，正视自己的小毛病，不对自己撒谎，是我们一生都要进修的功课。

你现在把昨天的作业本拿出来，翻开，自己看看吧。有没有认真写，事实就在那上面。你对我说你是好好写的，我会信吗？你自己信吗？

妈妈，我错了。

诚实包括对自己和对别人，自欺欺人只能暂时避开现实。

要诚实地对待自己，对待他人。

帮助别人，是一件体验感很好的事情

快乐也好，幸福也好，我们的感受需要建立在某件具体的事情上，而当这件事情能帮到别人时，那份快乐便会被放大。

> 又不是真花，一点儿也不香！

> 我帮一个老爷爷搞定了扫二维码付款，他送了我一朵小红花！

尼采说了什么

我们感到不快乐的原因之一，是自己所做的事和它产生的后果没能帮到他人。正因为这样，才有许多老人郁郁寡欢。而有些年轻人不快乐的原因，是他们还没有成为对社会有用的人。

所以，欢乐永驻的诀窍，便是帮助他人，成为对他人有用的人。这样你便会感到自己存在的意义，享受最为纯粹的喜悦。

——编译自《人性的，太人性的》

小树这个男生，超级热心肠，遇到同学需要帮助的时候，他总会伸出援手。

今天的最后一节课是体育课，老师带着大家进行了长跑训练。下课以后，小树累得满身大汗，只想早点儿回家。就在这时，他发现苗苗把她的粉色水壶落在操场上了。

小树大喊苗苗的名字，追上去把水壶还给了苗苗。苗苗很意外，也很高兴，说了好几声"谢谢"。小树也很开心，可这时，旁边几个男生突然起哄，说小树喜欢苗苗什么的，弄得小树很不好意思。

晚上，小树给妈妈讲了今天帮助苗苗的事，妈妈夸奖了他，可他还是有点儿不开心，他说："那几个男生思想可真复杂。唉……妈妈，我以后只帮男生，不帮女生了，免得被起哄！"

妈妈摸了摸小树的头说："大可不必！我们小树天生就侠肝义胆，热爱帮助别人，非常棒的！只要帮助了别人，你感觉到快乐就行了，管别人怎么看呢？别人起哄，你就当耳旁风吧……"

确实，帮助别人，是一件体验感很好的事情，有时候，伸出援手，别人一个感激的眼神，一声"谢谢"，都会让人感到很满足。这是一种非常单纯的喜悦，那种发自内心的、美滋滋的感觉，大家一定要多去体会哟！

别人有困难的时候，要及时伸出援助之手。

帮助别人是一件快乐的事。

每天进步一点点就很厉害了

你喜欢爬山吗？爬山很累是不是？但是你一定感受过一步一步向上攀登，然后站在山顶看风景的美妙。被山顶的微风吹拂的那一刻，你会觉得身心舒畅，开心极了。

今天又爬高了很多，早晚有一天我会吃到甜甜的葡萄的！

瞧这只傻蜗牛，等它爬上来，葡萄都被我吃光了！

尼采说了什么

向着高处不断努力，绝不是白费工夫！

也许你感觉自己的努力总是徒劳无功，但是不要怀疑，你每天都在离顶点更进一步。

今天的你或许离顶点还遥遥无期，但只要你不断努力，就积攒了明天继续勇攀高峰的力量。

——编译自《人性的，太人性的》

蜗牛想吃树上的葡萄，它每天一步一步往上爬，黄鹂忍不住嘲笑蜗牛来早了，可是蜗牛说："黄鹂你不要笑，等我爬上它就成熟了。"

你说，蜗牛最终会吃到葡萄吗？

同样的故事也发生在小树所在的校篮球队。

上学期，小树所在的校队原本对本区小学篮球联赛冠军势在必得，却意外输给了另一所不太出名的小学，小树和伙伴们难过极了，有人还哭鼻子了。

教练说："没关系，明年我们再战！"

球员们沮丧地说："今年比分输得这么惨，怎么确定我们明年能打赢呢？"

教练说："先不要想那么多，从明天开始，我们从头再来，练好基本功。每天只要少犯规一次，就是一种进步；每天只要多进一个球，就是一种进步。我们从各个方面，每天进步一点点，好不好？"

大家一听，从头再来，还每天只需要一点点进步，似乎不难做到，马上就卸下了压力，齐声喊好！

第二天，校队的伙伴们就抱着"进步一点点"的精神，重新投入了训练。

只要有小伙伴取得了一点点进步，就会得到教练的表扬："太棒了！""给力！""真不错！""为什么你那么优秀！"……

就这样，通过"一点点"不断地来提高球技，小树他们越打越好，第二年，他们如愿赢得了区小学篮球联赛的冠军！

那么你呢？是在学习上遇到了困难，在弹钢琴时遇到了困难，还是在学画画的时候遇到了困难？

学过弹钢琴的同学应该都体会过这样的过程：一开始手指怎么也不听使唤，顾了左手顾不了右手，心里想弹白键，手指却落在了黑键上……可是经过日复一日的训练，你会发现，手指越来越听话了，慢慢地，能弹一段旋律了；再慢慢地，能弹一首完整的曲子了；最后，你甚至可以用钢琴曲抒发情感了！

还有跑步。跑步很累，我们来来回回地训练，汗水湿透了衣服，可是每天的进步微乎其微……但坚持一段时间后，你会突然发现自己确实越跑越快了！

所以，慢一点儿没关系，只要在扎扎实实地进步就好！

失败过也不要灰心，下定决心开始练习就好。

每天进步一点点，最后会收获成功。

快乐很重要

每天早起，吃饭，上课，放学，回家，写作业……生活好像日复一日，并没有那么快乐。是这样吗？或许是因为你还没有找到快乐的密码。

尼采说了什么

再高兴些。无论是多么微不足道的小事，都要兴高采烈。喜悦会让你神清气爽，还能提高身体的免疫力。

不要害羞、不要忍耐、不要推辞，喜悦吧、欢笑吧。要面带微笑。像个孩子那样，痛快地欢笑吧。人一高兴，就会忘记无聊的琐事，对他人的厌恶与憎恨也会随之淡去。喜悦还能感染周围的人。

——编译自《查拉图斯特拉如是说》

小宝个子不高，瘦瘦的，但是跑步像一阵风，非常厉害。

学校夏季运动会，他报了个自己的强项一百米，心想这第一名非他莫属！可是没想到，他发挥失常，只拿到了第四名。

小宝难过极了，做什么事都提不起精神。

妈妈安慰他说："尽力就好，结果没那么重要的。"

小宝却不这样认为，他一会儿觉得自己运气太差了，一会儿分析自己比赛前一周训练太多了，导致决赛前没有保存好体力……总之，他就是不开心。

周末，爸爸换上球衣球鞋，要带小宝去附近的足球场踢球。可小宝懒洋洋的，根本不想去。

妈妈说："去吧去吧，就当陪陪你爸。"

小宝说："还是你去陪陪你老公吧！"

爸爸精神抖擞地说："走吧，儿子。今天爸爸就给你演示一下什么叫'倒挂金钩'！"

小宝笑了："爸爸，你吹牛！"

爸爸说："谁吹牛了！你老爸我的偶像可是梅西！"

一家三口终于开开心心去踢足球了。

一场酣畅淋漓的足球踢完，小宝感觉没那么郁闷了，晚上连吃了两碗饭。

爸爸也很开心，说："看吧，运动多开心，我们参与运动，根本目的不是拿名次，而是这种爽！"小宝觉得爸爸说得对。

当你为某件事不开心时，当你感觉压力大时，就说明你需要放松，好好调节自己的状态了。做一件让你"分心"的事，就是一种自我调节。

你知道吗？一个内心强大的人，他一定是一个经常会感受到快乐的人。

在人生中，快乐太重要，它支撑我们走过沮丧和波折，给我们安慰和希望。

那些经常心情不好的人，往往际遇也不是很好。经常开心、快乐的人，往往好运也会自然来！

快乐是可以调节的，前提是我们要知道，快乐很重要！

当我们把自己调节到"快乐频道"的时候，整个人都会散发着光彩。

什么是快乐？随心所欲不分昼夜地打游戏吗？

原来骑脚踏车去公园也很开心。

猴哥！天气太热了，我家里有好多冰棍，来我家一起吃冰棍吧。

哇，太好了！

真正的快乐可以是一件用来放松和调节自己心情的小事。

刚开始时，总能享受学习的乐趣，但贵在坚持

敲架子鼓是不是很酷？弹出优美的钢琴曲是不是也很棒？好像刚开始学习某种乐器或者某种技能时，总是兴趣多多、热情满满。干脆就将这种热情持续下去吧。

尼采说了什么

与外语流利的人相比,那些刚开始学外语、还说不了几句话的人,更能享受说外语这件事。

享受学习乐趣的权利,总是掌握在"一知半解"的人手中。不仅是外语,无论什么兴趣爱好,刚开始时总能让人兴致勃勃,人能够通过享受学习,熟练掌握某种技能。不过,学习难在持续下去。

——编译自《人性的,太人性的》

豆丁听天天说，他在上旱冰的兴趣班，自己也动心了，于是央求妈妈给他报了旱冰班。

不过，刚学了两天，豆丁就摔得受不了了。教练鼓励他说，大家刚学旱冰的时候都摔过跤，只要做好防护措施，别受伤就行了。豆丁受到了鼓励，就咬牙坚持学了下去。

可是，随着动作越学越复杂，豆丁感到很吃力了，有时候虽然看清楚了教练的动作，但轮到自己上场就怎么也做不对，他开始有点儿不想去上旱冰课了……

有一天，豆丁跟爸爸看体育频道，篮球比赛可真带劲啊！那些球员，一个个真是帅极了！豆丁来了兴趣，就跟妈妈说："我要学打篮球，这个我兴趣更大！"

妈妈和爸爸商量一番后，答应了。

可是过了一段时间，豆丁又表示，篮球也不太好学，自己个子太矮了，要进球比别人难多了，"运动我真不行，不如去学画画"。

这下，妈妈生气了，觉得豆丁就是三分钟热度，什么也学不好。

于是，一家三口坐在一起聊了聊这个兴趣班的话题。

妈妈说："豆丁，前两天爸爸和我商量报篮球班的时候，我是反对的。但你爸说，有三分钟热度，就有三分收获，我猛一听，觉得有道理，就给你报了。但是，你现在连三分钟热度都保持不了了，又要换，你哪有那么多上兴趣班的时间呀？所以，旱冰、篮球、画画，咱们必须舍弃两个，专注一个。"

爸爸也说："对，虽说凡事学了就有收获，但是如果学习过程中遇到点儿困难就想放弃,那不学也罢!"

豆丁认真思考后,最终选择了继续学习旱冰。这次,他决心不管遇到多大困难都不再放弃。

听说后来他的旱冰滑得相当不错,楼下的小朋友在这方面都特服他。

旱冰、篮球、足球、钢琴、画画……我们小时候总是容易对许多新鲜事物感兴趣,尤其是刚开始学的时候,兴致勃勃、自信满满,觉得自己一定能学好。可随着学习难度不断增加,就会产生畏难情绪,兴趣减半,甚至想放弃。这就是"三分钟热度"。

遇到一点儿挫折就放弃,是不是有点儿遗憾呢?

不如再坚持坚持,在遇到困难的时候,先定一个小目标,完成目标后,你会有成就感,它会成为你坚持下去的动力。另外,不断从所学的东西中寻找新鲜感吧!新鲜感会支持你更专注地接触它、了解它,从而收获更多!

熊猫老师，您能教我射箭吗？

当你能够用眼睛盯住任何目标，并且保持五分钟不眨眼的时候再来找我吧。

两个月过去了

终于可以坚持五分钟不眨眼了！

老师，老师，我做到了！您教我射箭吧！

当你能把蚂蚁看成大拇指那么大的时候，再来找我吧。

三个月过去了

太棒了！我做到了！

学习一开始的时候最有兴趣。

不过只有专注和坚持才能学有所成。

不要被占有欲控制了

每个人对自己钟爱的事物都有极强的占有欲和控制欲，但有时候不愿意分享，并不意味着小气和自私。

我……我吃饱了才来串门的。

阿熊，这是獾先生特意给我做的！没有你的份儿！

尼采说了什么

占有欲并非十恶不赦。占有欲能催人工作赚钱。人们靠着欲望,能过上衣足饭饱的日子,还能获得自由与独立。

占有欲一旦过了度,就会开始奴役人类。

——编译自《人性的,太人性的》

晚上，芊芊妈妈的老同学周阿姨带着儿子乐宝来家里做客。

芊芊妈妈准备了丰盛的晚餐招待客人，大家都吃得很开心。

吃完饭后，大伙儿坐在客厅里聊天，芊芊妈妈又端了一盘坚果和一盘水果出来。可就在这时，让人意想不到的一幕发生了。

芊芊突然站起来，冲过去，用手臂护住装蓝莓的果盘，大喊："别的水果都可以吃，但是蓝莓不行！"

场面顿时十分尴尬。

芊芊妈妈没想到芊芊居然会有这样的行为，周阿姨和乐宝也吃了一惊。

乐宝吓得拽了拽周阿姨的衣服说："妈妈，咱们回家吧。"

芊芊爸爸立刻站起来说："没事没事。乐宝，你芊芊姐姐这是和你还不太熟，对不起啊。"

乐宝是个活泼的小男孩，他点点头说："我没事，我已经吃饱了。"

送走了乐宝和周阿姨后，芊芊被爸爸妈妈叫过去谈话了。

妈妈说："今天，你很没礼貌知道吗？"

芊芊小声解释道："蓝莓是爸爸团建时亲手从山上摘下来的，吃完就没了嘛……"

妈妈说："这蓝莓是很珍贵，但是大家一起吃，不是更开心吗？你刚才的表现就是占有欲太强。换个角度想，如果你去别人家做客，别人家的小朋友不让你吃这个、不让你碰那个，你是什么感受呢？"

芊芊感觉怪不好意思的，她撒着娇说："妈妈，你别说了。我下次不会啦。"

爸爸说:"如果你记住了妈妈说的话,以后不再这样了,下周末我带着你去果园采摘蓝莓怎么样?"

谈话到此结束,芊芊高呼着"好棒",就蹦蹦跳跳回房间写作业去了。

其实呢,人人都有占有欲,尼采爷爷觉得有些大人对一些东西有占有欲,所以他们辛勤工作,实现目标,这是很好的。不过,被占有欲支配就不好了,只知道霸占东西的人肯定不快乐,因为他们永远在担心自己的东西被人拿走了。

小孩子也一样,对一件东西过于执着,不懂分享,自己有了别人就不能再有,这就是一种占有欲。你知道占有欲太强的人,别人都怎么评价他吗?小气!

我们大家都不要做小气的人,有好东西和他人一起分享的过程,也是很愉快的呢。

> 别的水果都可以吃,但是蓝莓不行!

你给我站住,这是我先发现的!

天哪,我可太幸运了。

你占有欲咋那么强呢?这么多,你一个人又吃不完!

我不管,谁先发现就是谁的!

占有的东西越多,不一定就越快乐。

所以做一个热爱分享的人吧，分享的过程，是收获快乐的过程。

不要不高兴了，要学会享受当下

你是否经常闷闷不乐？生活中难免遇到这样那样的事，比如考试考砸了，旅行计划取消，或者被人说坏话了，等等。这些事的确会让人不开心，但还是要记得学会把视线从痛苦的事情上移开，专注于自己手里正在干的一件事情上，才能感受到快乐。

> 春天一过，花儿就要凋谢了，好难过。

尼采说了什么

"不享受"并不是件好事。应当享受当下，即使需要你将视线从痛苦的事上移开。比如，家里只要有一个人不会享受，郁郁寡欢，整个家庭就会闷闷不乐……

尽可能幸福地生活吧。为此，就要享受当下。开怀欢笑，让全身都来享受这一瞬间。

——编译自《快乐的知识》

一连几天，彤彤妈妈都感觉女儿明显话少了，她总是无精打采的，每天晚饭吃得勉勉强强，一副食不下咽的样子，吃完就回自己房间了，妈妈问她怎么了，她总说没什么。

忧心的妈妈给班主任发微信询问情况。

果然，问题出在学校。

班主任说，上周体育课测试铅球，彤彤成绩不理想，就有一个男同学说："彤彤，你身上的肉白长了，就是虚胖，手没劲儿啊！"

其实彤彤顶多有一点儿微胖，算不上太胖啦。

从那以后，彤彤几天都闷闷不乐的，饭吃得也不多了。

了解事情经过后，妈妈和爸爸商量了一下，两人换上运动装，拿上许久没打开的羽毛球球袋，然后敲开彤彤的房门，拉着女儿下楼打球。

酣畅淋漓地打了一场球后，彤彤的低气压消失了，看起来也开心了许多。

妈妈笑着捏了捏她的脸蛋儿说："我女儿一点儿也不胖，这是婴儿肥，知道吗？慢慢就没了。"

"真的吗？"

"当然是真的，我小时候的照片你见过吗？是不是也这样？"

"对！"

"你看我现在还胖吗？"

"不胖了！"

"还有，不管别人怎么评价你，都不要往心里去，要学会忘记。心里老藏着别人那句话，多累啊！你看，我们打球的时候，你专心接球，是不是马上就忘记烦恼了？"

彤彤听妈妈这样说，觉得妈妈可懂自己了，也可会安慰人了，瞬间就觉得自己可幸福了。

生活中，每个人都会遇到这样那样让人不开心的事情，这是人之常情，但你知道吗？不开心并不能解决问题；有些时候，一些烦恼，可能就源于一件很小的事情。最好的解决方式，就是不去想它，不去管它，然后，事情就解决啦！

过好每一天，别闷闷不乐的。

知道了妈妈，那我写完作业去找小婷一起玩。

担心还没有发生的事，只会徒增烦恼。

不如享受当下，明天的烦恼留给明天解决。

制订计划只是第一步

你一定也有过计划泡汤的经历吧？明明计划好了，可突然发现计划赶不上变化快。遇到这种情况的时候，你会怎么做呢？

烤箱好像坏了……

可是我不想浪费面团啊！

尼采说了什么

制订计划总是充满愉悦,伴随着快感……然而,人生并不停留在愉快的计划上。只要我们还活着,就必须执行计划。开始执行计划之后,各种障碍、愤恨、幻灭便会出现在你眼前……

我们究竟该怎么做?一边执行计划,一边修改计划就好。这样一来,我们就能在享受的过程中实现计划。

——**编译自《人性的,太人性的》**

乐乐非常善于做计划，他总会预先把要做的事安排好，在计划实践之后有条不紊地进行。家中长辈和老师都经常夸赞乐乐的这个好习惯，他也为此感到很自豪。但是，他最近却因为这个习惯办了"坏事"。

上周，小宇跟乐乐约好周六去小公园一起野餐。

乐乐在妈妈的帮助下，兴致勃勃地准备了野餐的物品和食物。他提前到公园，考察了一下在哪儿搭帐篷比较好，还计划午餐后去公园的标志性雕塑前拍照留念，接着采摘野花、捉昆虫制作标本。

多么完美的计划呀！小宇听了乐乐的计划，觉得乐乐超级靠谱，做事周到。

周六上午，小宇骑着小车如约来到公园。可两个人刚拿出午餐，天就突然阴了下来。等他们搭好帐篷，竟然飘起了雨点儿。

小宇想打道回府，乐乐却觉得下点儿小雨没事，既然制订了完美的野餐计划，就得按原计划继续，要不然不是白来一趟吗？

于是他们躲进帐篷里吃了点儿东西。

可是，天好像越来越阴了，小宇再次提出想回家，免得淋雨，乐乐却想赶在雨变大之前去雕塑前拍照。小宇不太高兴，勉强跟乐乐拍了几张照片，两个人表情都很僵硬。就在这时，雨突然下大了……

两个小男孩，在公园里被淋成了落汤鸡。好在乐乐的爸爸及时赶来，把俩孩子接回了家。

第二天，听说小宇病倒了，乐乐感觉挺过意不去的。但他还是忍不住向妈妈辩解说："要怪就该怪天气不好，我的计划没问题呀。"

妈妈说："傻孩子，计划没有变化快。眼看着天阴了，你就应该给爸爸打电话，让我们去接你和小宇。你们俩在家看书、画画、看动画，不是也很开心吗？"

乐乐想了一下，说："下次，我再多做几个计划，遇到突发情况就随时调整！"

其实，在世界上，能从头到尾严格执行自己最初计划的人非常少，因为总有意想不到的情况发生。执行计划的过程中遇到阻碍是十分正常的，你需要做的是随机应变。

在开始之前，不妨多做几个计划，应对你能想到的那些可能发生的意外。如果遇到了你没想到的情况，别害怕，更别沮丧，冷静下来想一想，你可以做些什么来适应这些变化呢？

> 既然制订了完美的野餐计划，就得按原计划继续，要不然不是白来一趟吗？

学会制订计划是一件好事。

当计划赶不上变化时，我们要学会随机应变。

爱干净的人更容易感到幸福

你爱干净吗？你的房间整洁有序吗？也许是因为学习太忙了，经常顾不上收拾自己、收拾房间，但回想一下环境乱糟糟的情景，你的心情是什么样的呢？

尼采说了什么

在孩子年幼时，尤其应当注重培养他的清洁观。这不仅仅因为洗手能保持清洁，抵御疾病，有利于身体健康。

爱清洁的习惯，还会扩展到精神层面上。他会将偷窃及其他不道德的实物认作污秽，催生出作为社会人的分寸、清纯、温厚与好品性等。

成为习惯的清洁观便是洁癖。有洁癖的人，能自然而然地吸引住收获幸福的要素与契机。

——编译自《人性的，太人性的》

汤圆的妈妈很苦恼。原因是汤圆不爱讲卫生，对于洗漱、刷牙、整理房间这些事情能省就省、能逃就逃。

那些一见到汤圆就称赞他帅气的阿姨、奶奶，哪里能想到汤圆的房间乱得像鸡窝。玩具、书本、衣服，堆得到处都是。妈妈每天都要帮他整理、归类。可过不了两天，房间就又回到了老样子，乱糟糟的。

于是，妈妈决定，从今天起，汤圆的个人卫生和房间卫生都由汤圆自己负责。

汤圆大呼"自由万岁"，终于可以不用听妈妈的唠叨了！

可没过几天，汤圆就像泄了气的皮球——瘪了。

因为衣柜太乱，他穿过两只不同颜色的袜子，被好朋友嘲笑了一整天。

因为书桌太乱，他总是找不到直尺。

更要命的是，他收拾书包太粗心了，作业本总是和课外书混在一起，第二天上课要用的书也塞得乱七八糟……在语文课上，老师让大家拿出练习册，他却掏出了一本辅导书……

唉，真是又急又乱。

汤圆终于受不了了，向妈妈求助。

妈妈说："那就开始学习整理吧！整理就是，所有的东西，从哪儿来的，放回到哪儿去！"

汤圆说："可是我的东西太多了，都不知道从哪儿收起！"

"不用一次搞定！"妈妈说，"你只需要从收拾书包开始，其他的你先别管，每天晚上整理好第二天需要的书本和用具，先做到不丢三落四，可以吗？"

汤圆点点头，采纳了妈妈的建议。

之后，他每天都会对照课表收拾书包，不知不觉养成了整理书包的好习惯。一段时间过后，汤圆发现收拾房间也没那么难了。

讲卫生、会整理的生活小习惯，是能给我们带来简单直接的幸福感的。

勤洗漱、勤换衣，保持头发和指甲的洁净，都是小事，但是它们能让我们整个人清清爽爽、干干净净。

在家里，把所有物品分门别类地摆放好，你需要什么东西，随时都可以在固定的地方拿到，再也不需要手忙脚乱地去找。

还有一个小秘密告诉大家：如果有一天，你心情不好，你可以尝试清理自己的房间，把东西都收一收，擦擦玻璃，给植物浇浇水，当你做完这些事，回头看看窗明几净的房间，坏心情就像被风吹走了一样，真的很舒服哟！

从讲个人卫生开始，逐步养成爱清洁的好习惯。

一个爱清洁的人所展现出来的精神面貌永远都是清爽充满朝气的。

把冷言冷语换成温暖的话吧

"好样的!""你做得真不错!"
如果经常听到这种话,你会不会感到深受鼓舞,浑身充满了能量呢?

练了这么久,看起来也不过如此嘛!

尼采说了什么

每天重复的坏习惯，会成为慢性病的源头；心理上的习惯，也是一样会让自己的灵魂更加健康或产生疾病。

如果你习惯于每天向周围人冷言冷语十句话，那就换成每天让周围人高兴十次吧。这样一来，不仅你的内心能得到治愈，周围人的心境也会发生好转。

——编译自《曙光》

这几天，四年级（1）班的同学们都在为下周的诗词大赛做准备。

由于芊芊声音响亮，又熟悉比赛规则，班主任李老师选了芊芊模拟主持人，带领大伙熟悉比赛流程。

可是大家没想到，芊芊人看着挺秀气，脾气却很暴躁。

训练的时候，她一会儿说这个同学"你的声音太小了"，一会儿又说那个同学"等我说完题你再抢答啊"，遇到答不上题的同学，她就说"你记忆力是不是有问题"？慢慢地，大家越来越不配合她，气氛也跟着冷了下来。

这时，李老师让大家去休息，然后把芊芊喊了过来。

芊芊向李老师诉苦："李老师，真是太乱了。一开始大家不按规则来，后来规则熟练了，答题又不积极了。这么下去，下周比赛能取得好成绩吗？"

"大家的确是不太积极了，但你回想一下，刚开始是这样吗？后来怎么大家慢慢就变了呢？你是不是有点儿着急了呢？"

"哦，是吗？"芊芊声音低了下去。

李老师建议："要不你把批评大家的话，换成鼓励和赞扬试试？"

芊芊点了点头。

接下来的练习中，芊芊说话时总是笑盈盈的。而且每次有人回答正确，芊芊就会鼓励他"你反应好快啊！""答得好！""棒极了！"

情况真的大不一样了，大家顿时又变得士气高涨，回答问题越来越踊跃，一直到训练结束仍然意犹未尽。

试想一下，你正情绪高涨准备做一件事情时，或者正在兴致勃勃地做某一件事时，突然听到来自同伴的冷言冷语，你会怎样？肯定会难过极了。

冷言冷语，就像是压在头顶的乌云，让人心情低落，时间一长，身体也会感到不舒服。

反过来也是一样的道理。那些经常给人泼冷水、说冷言冷语的人，也很难得到其他人的积极配合。

所以，收起冷言冷语，多说些温暖的话吧。这个习惯看似简单微小，但只要每天坚持，你会发现，心情变好了，周围的人也变得越来越友善了，我们大家也都更放松、更快乐了。

不要在别人做事的时候，冷言冷语地指手画脚。

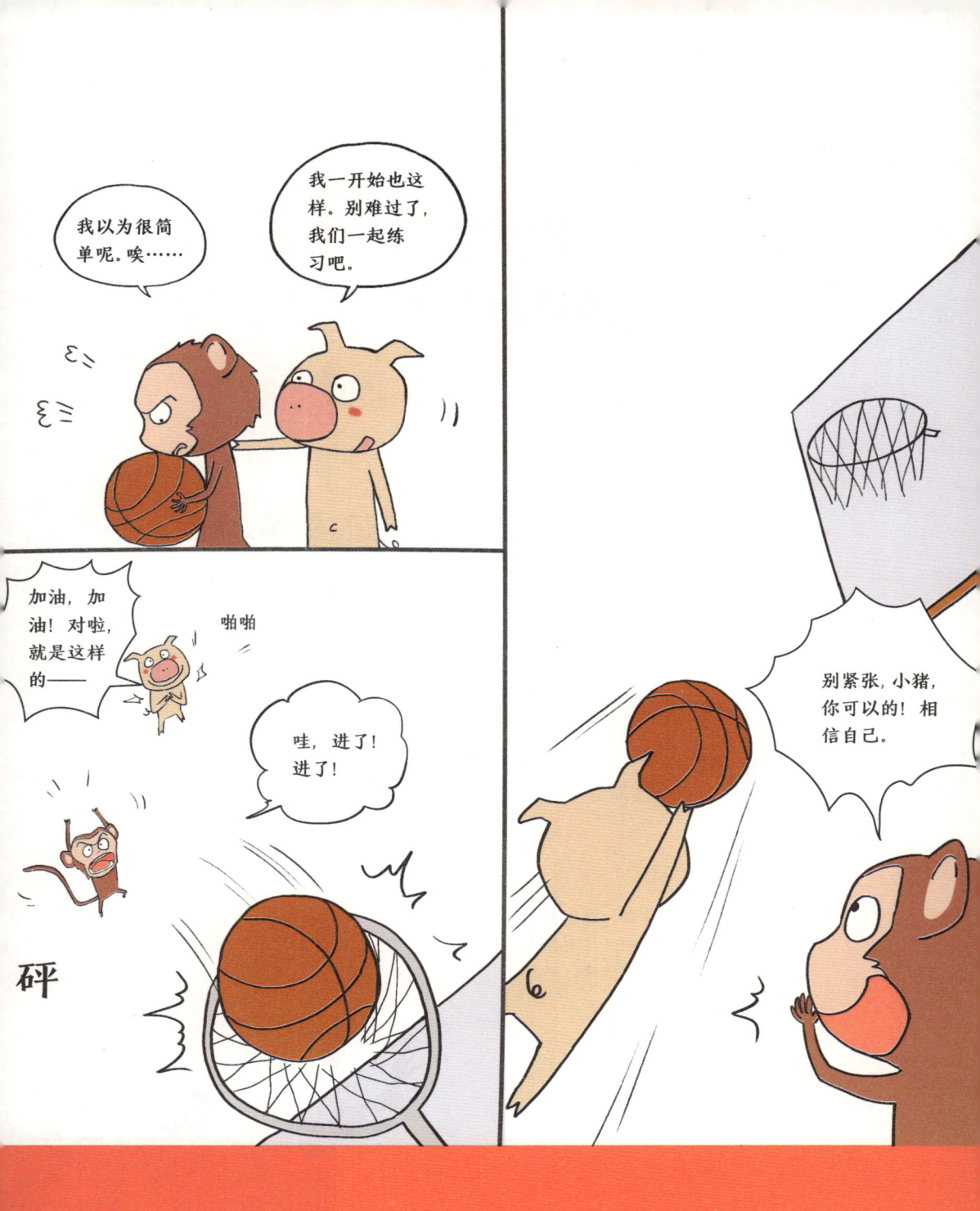

换成鼓励，或许更能帮助别人。

克服恐惧，勇敢尝试一次吧

如果要做一件从没做过的事情，是不是会有些胆怯呢？看到身边其他小伙伴做得很棒，是不是就压力更大了？其实，大家都是从零开始，从什么都不会开始的。

> 你看，我们都会飞啦，你也快点儿跟上来。

> 不会飞也没什么吧，万一飞不好，摔了可怎么办？

尼采说了什么

当你心怀恐惧、变得胆怯时,就等于主动选择了毁灭与败北的道路。与其一味担心搞砸,不如勇敢做出一次尝试。

——编译自《快乐的知识》

桐桐是个小女孩，性格内向，特别容易害羞。

学校一年一度的演讲比赛即将开始，为了帮助桐桐更好地融入集体，让她多多展示自己，班主任找到桐桐，鼓励她报名参加。桐桐觉得拒绝老师不好，就答应了。

可是桐桐平时连上课都不敢举手回答问题，更别说是站在台上，面对上千人进行演讲了，这可怎么办？

她每天坐在教室里，心里忧愁极了。

演讲比赛的日期越来越近，桐桐每天都担心自己在那一天会出丑、会搞砸。

这天，桐桐正躲在楼梯间小声背诵演讲稿的时候，住同一小区的朋友兰兰出现了，她可是去年演讲比赛的一等奖得主。兰兰问："有什么需要帮忙吗？"

桐桐说："我就是害怕，除了害怕还是害怕，到那一天，一定会被大家狠狠嘲笑的！"

兰兰说："没有试过怎么知道一定会失败呢？"

桐桐说："为什么不让你去参赛呢？如果是你的话，一定可以做得很好。"

兰兰说："其实我以前也不会演讲，有一次还在台上彻底忘词了。"说完，她神秘一笑，约定放学后给桐桐看个东西。

放学后，兰兰邀请桐桐到家里，给她播放了自己第一次演讲比赛的视频，视频里兰兰说话前言不搭后语，结结巴巴。兰兰一边看，一边大笑说自己好笨。听着这爽朗的笑声，桐桐也笑了。

第二天桐桐又找老师修改了一遍演讲稿，然后一有休息时间就疯狂背稿子。

爸爸看她那么努力，也教了她一个自己当年背演讲稿的小秘诀：先用电子设备把演讲稿录下来，没事就听听，校车上、房间里，甚至洗澡的时候都可以听一听，等稿子背得滚瓜烂熟，再张嘴时，紧张感就减少了。

两周后，桐桐终于登台演讲，因为准备充分，她发挥稳定，赢得了观众的掌声和喝彩！桐桐也从此变得越来越自信、越来越开朗了。

生活中，我们常常会碰到一些看上去很难克服的困难，于是心生恐惧，这种恐惧会给我们带来压力，并且产生逃离、回避的冲动。

困难这个东西，我们可以暂时逃开，可是如果一直逃避，问题永远也不会得到解决。

与其沉浸在恐惧的心理中，还没尝试就设想出一堆糟糕的后果，还不如自信一点儿，选择相信自己，就像桐桐那样勇敢做出一次尝试。

向前迈出一步，然后你会发现，其实没什么大不了的！

恐惧只会让我们更无法直面困难。

不做出尝试，永远都不会知道自己会成功。

被批评也没什么大不了的

生活中，你有没有因为某些事情，被爸爸妈妈或老师批评过呢？每次被批评后，你是不是既沮丧又难过？其实，大家都是伴着"批评声"长大的。

> 被妈妈批评了，好难过，好想哭……

尼采说了什么

　　蘑菇生长在潮湿、阴冷、不通风的地方。我们人类也有类似情况。在一个封闭的空间内，如果没有批评之风吹入，里面一定会滋生出腐败与堕落的苗头，并肆意发展壮大。

　　批评不等于怀疑，也不等于刁钻。它犹如一阵风，吹在脸上凉凉的，但能使环境干燥，防止细菌生长。所以，我们不应害怕批评，也不应拒绝它的到来。

——编译自《人性的，太人性的》

小美是个人见人爱的小姑娘，不管在家里还是在学校，"被表扬"简直是家常便饭。可就在昨天，小美破天荒地被老师批评了，这让小美感到非常丢脸。

事情是这样的：昨天早上，轮到小美和几个同学在校门口值周，向每一位入校的老师和同学大声问好。

一开始，小美还微笑着大喊："早上好！"但没过多久，她趁同学们不注意，悄悄放低了声音，最后只剩下对口型了。小美知道这样做不对，但她给自己找了一个非常"恰当"的借口："我们还要喊一个小时呢，我明天要去参加唱歌比赛，还是保护嗓子重要。"

不巧的是，小美的这个举动被值周老师发现了。

值周快要结束时，老师把小美叫到一旁说："小美，别的同学值周的时候大声对你说'早上好'，你感觉怎么样呢？"

小美回答说："感觉很有朝气，心情也很好。"

老师继续问她："那你刚刚为什么偷懒呢？我看到你只是对着口型跟大家打招呼，都没出声。"小美的脸立刻涨得通红，低头承认自己的错误，向老师道了歉。

老师说："这不是什么大事，但是，做什么事都要认认真真，不要敷衍，以后多注意！快回去吧。"这时小美发现其他同学在看向她和老师，顿时感到十分难为情，情绪猛然低落，心想：这下完了，所有人都知道她被老师批评了，从此她再也不是别人心目中的优等生了……

老师注意到了这个情况，就和小美一起走回去，脸上还挂着笑容。其他同学看到老师的表情，就知道没什么大事，也就散了。

不用怀疑，再优秀的同学都有被家长或老师批评的经历。这世界上没有完美的人，每个人都是在不断修正自己身上的问题，一点点成长起来的。

但是，有时候因为我们自尊心强，在被批评时，会有挫败感或者感到难为情。这时候，你需要想清楚为什么会被批评，如果的确是自己做错了事，就应该勇敢地承认错误。

你知道吗？坦然认错，也会给周围人留下很好的印象呢。

小豹子一定会喜欢的。

这是草书吧？龙飞凤舞的，熊猫，你书法好，你给评一评。

这字写得太张狂、随意，没有章法。

哼！气死我了！

虎哥，消消气嘛……我知道是你亲手写给我的，你写成什么样，我都喜欢！

你，你也气死我了。我是认真写的！

被批评了，先不要生气，想一想自己是不是存在这个问题。

再练一个,再写好一点儿!我可以的!

獾先生,熊猫说我这字写得不好,您来评评理。

这个字写得真不错,进步了不少啊!

那当然!嘿嘿,不过还是多亏了熊猫先生的指导,改天我要当面谢谢他。

熊猫是森林里写字最棒的动物,他说得准没错。我看,是你太骄傲了。

小老虎,这下不生我气了?

当然不生气了,还要多谢您呢!

承认错误,并改正,能让自己变得更好。

被表扬后要保持谦虚

被表扬是一件令人开心的事，每个人都喜欢被表扬。但是，开心过后，你会怎么做呢？继续保持谦虚的态度，还是适当放松对自己的要求呢？

尼采说了什么

得到赞许之后,

一种人害羞谦虚,

另一种人则沾沾自喜、厚颜无耻。

——编译自《曙光》

期末的数学测验结果出来了，小树和好朋友鹏鹏都考了高分，尤其是最后那道应用题，全班同学中只有他俩做出来了。数学老师在课堂上专门对他们提出了表扬。

同学们钦佩的目光，让小树和鹏鹏满足极了。

第二学期开始，小树和鹏鹏都感到数学课的难度增加了。

"小树，"很有上进心的鹏鹏说，"放学我们留下来一起改错题吧。我有个地方不懂，想问问你。"

小树却说："哎呀，你真扫兴！今天晚上我要早点儿回家，写完作业打游戏！那些错题，不用说，都是马虎造成的，下次注意就行了！"

鹏鹏还想说点儿什么，但小树已经头也不回地走远了。

过了几天，鹏鹏又来约小树周末去他家复习，小树却说："今天老师讲的我都听懂了，没必要再学一遍了吧！"鹏鹏只好无奈地走了。

这时，萱萱拿着数学课本来跟小树请教问题，小树漫不经心地瞥了一眼，说："这题太简单了，你先自己琢磨琢磨再来问我。"

萱萱悻悻地回到座位上，小声嘀咕道："有什么了不起的……"

不知不觉地，小树已经一个月没好好学习了，上课他也有些走神儿，他在想什么呢？他还在回味上次受表扬的情景呢……

又一轮数学测验开始，小树充满了信心。

但是，拿到试卷的那一刻，他傻眼了："这些题我怎么都没见过？"

考试结束后，卷子一发下来，不出所料，他的分数掉下来了，而鹏鹏依然考了高分，又一次被老师表扬了。

小树听着老师表扬鹏鹏，盯着自己那张满是红叉的试卷，陷入了沉思。

每个人都有被表扬的时候,你一定也不例外。无论是做了一件好事,还是在学习上取得了进步,别人赞许你,说明你的表现很优秀,你应该感到高兴。但是,一定要记得保持谦虚,把表扬当作动力,继续前进。

得到赞许后沾沾自喜,一直沉浸在高兴的情绪里忘记努力的人,往往就会像小树这样,在不知不觉中,就落后了。

获得了嘉奖和赞扬之后，不要沾沾自喜，更不要骄傲自满。

一个月后

你很久没跑步了，要不要一起呀？

你还没打破我的纪录呢，好好练习，继续努力吧！

你怎么跟蜗牛一样的速度啊？跑起来啊！

哇啊——我错啦！我再也不骄傲啦！

骄傲让人止步不前，谦虚却能让人进步。

有时候，显得笨笨的也很可爱

和朋友们交往时，如果聪明的你看破了对方的窘境，不如就装装傻，学着做一个体贴的朋友。

再见！

她不会游泳啊，我们就给她留点儿面子，别拆穿她了。

小鸡怎么跑了呀？

尼采说了什么

与人交往时，即便看透了对方的某种行为或想法的动机，也需装出一副迟钝的样子。

尽量从善意的角度说话，这是社交的一个小诀窍。

——编译自《人性的，太人性的》

小树和天天是好朋友，这天放学回家时，碰巧遇上了隔壁班的小宇，一聊，大家都顺路，于是就结伴一起回去。

走了没几步，天天开心地指着前面的店铺说："快看，商店好像进新品了！"隔着玻璃橱窗，他们看到了最新款赛罗奥特曼模型，三人赶忙冲进店里去看。

他们围在模型前，眼睛里闪烁着渴望的光芒。

天天说："太酷了，我要买一个！你们要不要买？"

小树是赛罗奥特曼的忠实粉丝，也说要买。

天天扭过头看向小宇："你呢？"

小宇脸上的笑容突然消失了，只见他低下头，摸了摸自己的口袋，然后别过头去，小声说："我才不买呢，我最讨厌什么奥特曼了，只有幼稚的小孩子才喜欢这种东西呢。"

天天大喊道："怎么可能？你要是不喜欢，刚刚怎么也摸来摸去的？我看你啊，明明是没……"

小树赶忙拉了一下天天的袖子，然后转过头对小宇说："我的零花钱快用光了，还是省着点儿吧，我不买了。"

和小宇分开后，天天忍不住问小树："你当时为什么要拉我啊？这个小宇明明是买不起，还以为我们不知道呢！"

小树说："买不起又不丢人，但小宇害怕在我们面前丢脸啊。如果你刚才直接喊出来，他一定会觉得很难堪。"

天天说："也是。"

小树这人，能替朋友想那么多，还真是不错。

有时候，朋友之间"装傻"是十分贴心的行为，一些"傻傻"的善意小举动，往往会让人收获更多友谊和快乐。

> 我的零花钱快用光了，还是省着点儿吧，我不买了。

和朋友在一起的时候，有些事情看破不要说破，给对方留一点儿余地。

适当地笨一点儿，会让大家相处起来觉得舒服。

不能要求所有人都喜欢你

如果身边有个小伙伴不喜欢你，拒绝你的靠近，你是不是感觉有些受伤和难过，并想知道这到底是为什么？

尼采说了什么

对方若是从心理上厌恶你，不论你如何礼貌地对待他，他都不会立刻对你改观。最终只会落得无事献殷勤的下场。

不可能让全世界的人都喜欢你，以平常心相待就好。

——编译自《人性的，太人性的》

最近，桐桐搬家了，她跟着爸爸妈妈搬到了新的社区。

新家很大，很漂亮。可是，也很寂寞。

因为过去的好朋友都一下离她好远好远。

妈妈鼓励桐桐下楼去玩，楼下花园里，有好多小孩在玩滑梯、骑自行车。

桐桐下楼去了，她试着主动和楼下的小朋友们打招呼，还鼓起勇气做了自我介绍，可是小朋友们和她打完招呼之后，就又围成圈子继续做他们的游戏了，似乎不太想让桐桐加入。

桐桐很沮丧地回了家。

吃晚饭的时候，她没有一点儿食欲，对着饭碗闷闷地数饭粒。

妈妈问她到底发生了什么事，桐桐说："妈妈，楼下的小朋友好像不太喜欢我……"

妈妈问："是所有小朋友都不喜欢你吗？"

桐桐："那倒不是。大一点儿的哥哥姐姐们挺友善的，他们会跟我聊天。可是其他几个和我差不多大的小朋友，他们就离我远远的。"

妈妈："那你以后就先和哥哥姐姐一起玩吧。"

桐桐："可是，为什么其他小朋友不喜欢我呢？"

"他们其实也不是不喜欢你，可能只是因为陌生吧！"妈妈一下就指出了问题的关键。

"再说了，你不用那么在意别人是不是喜欢你，"妈妈又说，"我们不可能让每个人都喜欢自己，也不需要每个人都喜欢自己呀。那些有点儿冷漠的小朋友，我看主要还是因为不太熟悉你，或者是他们比较害羞，你就别管这么多，想玩就下去玩，跟愿意和你讲话的小朋友玩，然后他们会带你认识其他的小朋友，慢慢地，你的朋友就会越来越多了……"

桐桐听妈妈的话，每天都下楼玩，谁愿意跟她玩，她就跟谁玩，玩来玩去，她跟院子里的小朋友就都熟悉了，后来大家就都在一起玩了！

无论是到了新环境想融入其他人，还是小伙伴里有新人加入，因为陌生而有隔阂，是人际关系中的普遍现象。

只要与人交往，就可能会遇到被拒绝的情况。不过，被拒绝没什么，不用觉得自尊心受到伤害，更不要因此觉得别人不喜欢自己。

如果真的有人不喜欢你，那么也没关系，我们多跟喜欢自己的人玩就好了！因为，我们每个人都不可能得到世界上所有人的喜爱，就像尼采爷爷说的那样，用一颗平常的心来看待就好。

> 我们不可能让每个人都喜欢自己，也不需要每个人都喜欢自己呀。

> 好，我知道了，妈妈。

我们不能让世界上的每一个人都喜欢自己。

和合得来的人、喜欢自己的人一起玩就好了。

责备别人的时候，也暴露了自己的脾气坏

和别人产生矛盾的时候，你有没有非常生气地责备过对方？生气的反应很正常，但你有没有想过，这样做对不对？

砰

尼采说了什么

责备某人的人，坚称某人有错的人，这类人其实在无意中暴露了自己的性格。

在第三者看来，尖锐指责他人的人更恶劣，性格也更低劣。因此，过分责骂他人的人，便会被周围人所厌恶。

——编译自《曙光》

昨晚桐桐收到一个小礼物，是一支漂亮的笔。有多漂亮呢？它的笔帽上有颗黄色的星星，星星两边伸着一对白白软软的小翅膀，当你用笔的时候，那对翅膀就会轻轻地摆动起来……桐桐好喜欢啊！第二天就带去了学校。

好朋友青青看见了这支笔，马上就说："桐桐，你的笔真漂亮！能不能借给我用一天呀？"

呃……桐桐有些犹豫了。

因为青青在班里是个有名的"大马虎"，又好奇心爆棚，总喜欢研究和鼓捣，无论别人借给她什么东西，她总会一不小心就弄坏了。

尽管青青每次弄坏别人的东西都会诚恳地道歉并赔偿，但大家能不借东西给她，就不借东西给她。

"好不好吗，好不好吗？！"青青像个黏人精一样摇着桐桐的手臂。

桐桐犹豫了一番，还是同意了。不过，她叮嘱说："那你小心一点儿，别弄坏了。"

"放心放心！我会很小心的！"

青青手舞足蹈地拿着笔离开了，看到朋友这么开心，桐桐也很高兴。

然而，最担心的事情还是发生了。

放学的时候，青青臊眉耷眼地拿着断了翅膀的笔，磨磨蹭蹭地来到了桐桐面前："对……对不起，亲爱的……"

桐桐看着那支被折磨得不成样子的笔，肺都要气炸了，顿时生气地大喊："你答应过我你会小心的！"

青青低头支支吾吾："对不起，我觉得用羽毛做笔很有意思，想研究一下它的受力程度，就扯了扯……"

桐桐大吼："对不起，对不起，对不起有什么用啊？！你每次都说对不起！你知不知道，大家都不愿意借东西给你了。上次你把班长的文具袋弄坏了，他就很生气你知道吗？还有那次你把小宝的自动削笔刀搞坏，他就提醒大家，再也不要借任何东西给你……亏我还那么相信你……"

桐桐的声音非常大！把周围的同学都吓了一跳。尤其是班长和小宝脸上更是大写的尴尬。

这时，围观的同学中有人轻声说道："哎呀，桐桐这么说话有点儿伤人啊……"

另一位同学也说："你们说她们会不会因此断交啊……"

还有同学小声嘀咕道："没想到啊，桐桐发脾气的样子这么恐怖！"

桐桐气哭了，拎起书包就离开了教室，把青青撇在了原地。

"桐桐，你等一下！"班长追了上来。

桐桐停了下来等班长，她接过了班长递过来的纸巾，又和班长一起在校园里走了走。班长说："哇，你刚才真是把大家都镇住了，我们都没想到你发起脾气来这么厉害。"

桐桐说："我就应该吸取你们的教训……"

班长说："你刚才那样大声批评她，把我和小宝也带进去了，让我们很不好意思啊！"

桐桐愣了一下，连声说："对不起啊，当时太生气了，没考虑到这么多。"

班长说："而且你这样破口大骂，其实也挺损害你自己的形象的，你平时多温柔啊，刚才把大家都吓坏了，我估计以后会有很多人怕你……"

"刚才真的是在气头上，所以不顾形象了，我以后注意。"桐桐说。

第二天来上学，桐桐的情绪已经平复如初了。进教室的时候，她还略微有些紧张，要是遇见青青，她不知道该怎么表现，是表现得还在生气呢，还是装作啥事都没有了……

当她来到自己的桌前，那种小紧张一下就没了。

桌上放着一支崭新的羽毛笔，旁边还有张小卡片："桐桐，对不起，我们和好吧！青青。"

我们大家都会这样的，因为别人做错事而感到气愤，有时候也会情绪激动，出口指责对方。气愤的心情是可以理解的，但是责备的话就像一把锋利的剑，很容易伤害别人。

破口大骂解决不了任何问题，只会让我们的心情更糟糕。

而在别人眼中，你的怒火，都是在告诉大家你脾气不好。久而久之，小伙伴们会谨慎与你交往。不如淡定一些，耐心应对和沟通。如果实在感到太生气了，不如就走开一会儿，冷静下来后再处理问题，会好很多的。

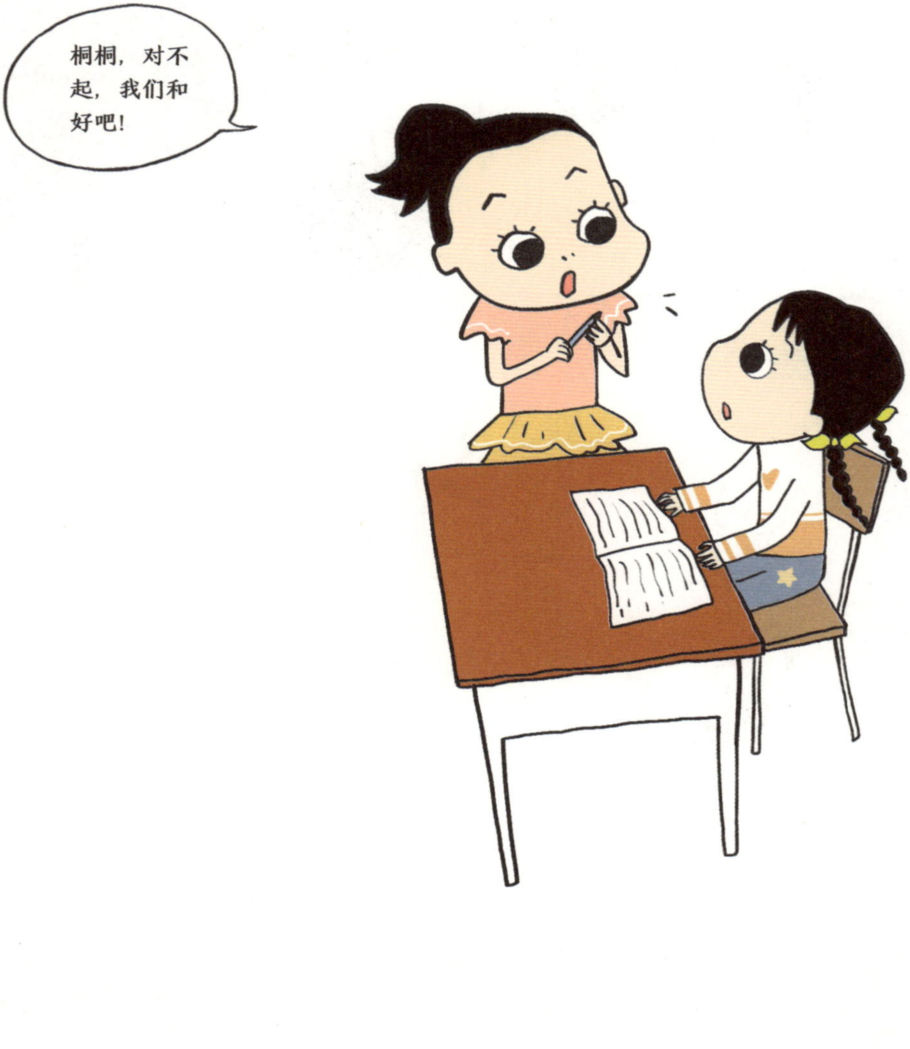
桐桐，对不起，我们和好吧！

事情已经发生了，责备他人并不能改变什么，只会暴露自己脾气不好的事实。

怎么又是你啊？你扎我一个气球还不够吗？

天哪，你居然在骂一株仙人球。都说让你注意风度了！

啊？我……我这脾气是得改改了，我这就找小刺猬道歉去。

哎呀，公鸡老弟，注意风度！

对他人的错误多一点儿包容，做一个温和、宽容、有风度的人。

送礼物要有度

好朋友之间常常通过赠送礼物来表达心意,但是你知道吗?送礼物也有一定的讲究,并不是所有礼物都能让对方感到开心的。

尼采说了什么

送礼过度,不会被人感谢。收礼之人反而会觉得像拿了烫手山芋。

俗话说,礼物表心意,但必须有度,否则只会令对方困扰。

——编译自《人性的,太人性的》

小美和娇娇是非常要好的朋友，眼看娇娇的生日快到了，小美知道她喜欢娃娃，就决定送给她一款限量版的公主娃娃作为生日礼物。

小美每天一放学，就问爸爸："抢到了吗？抢到了吗？"是的，这款限量版娃娃不但很贵，还需要排队抢购。

为了让爸爸妈妈同意买这个娃娃，小美主动提出把自己下半年的零用钱全部预支了。其实爸爸并不赞成小美买这么贵重的东西作为礼物，但妈妈觉得只要小美用的是自己的钱，就可以。最后爸爸听了妈妈的话。

在排了一个多星期的队之后，娃娃终于买到了！

然而，让小美没有想到的是，当她把这份精心准备的生日礼物送到娇娇面前时，娇娇却一点儿也不开心，看起来还很纠结。

"怎么了？你不喜欢吗？"小美不解地问。

"不不，我很喜欢！只是……"娇娇把娃娃连同盒子小心翼翼地递还给小美，"你把它退回去吧，我不能收……谢谢你！"

小美简直太震惊、太意外了。

她抱着娃娃沮丧地回了家，对妈妈说："我不明白为什么我这么用心，花了这么大的力气，娇娇反而不高兴……"

妈妈说："我觉得吧，娇娇并没有不高兴，她也不是不喜欢这个娃娃，只不过你送这么贵重的礼物，对她来说过头了。她的爸爸妈妈也一定提醒过她，不能收太贵的礼物。这个礼物如果接受了，她会被她爸妈批评……你爸当初反对你这么做，就是这个原因。"

小美有点儿茫然，问道："给朋友送礼物不就应该是她越喜欢的越好吗?"

爸爸说:"凡事都要适度,送礼物也一样。这友情呀,就像圣诞树,礼物就是上面的彩灯,适度能让树更漂亮,太多太重的话,树会被压垮的。"

小美听了这番话,恍然大悟:"我明白了,爸爸!"

最后,在爸爸的帮助下,小美退掉了娃娃。

尼采爷爷把不合适的礼物比喻为"烫手山芋",意思是说,虽然这礼物很好,却让人无法轻松愉快地接受。为什么会这样呢?原因是"过度"。礼物太多、送礼太频繁,或者礼物价格太贵、花费了太多精力准备礼物等,都属于"过度"。

你也许会想:这没什么呀,我自己愿意。但是,送礼物的目的不正是让对方开心吗?如果对方收到礼物时不开心、不自在,这份礼物就失去意义了。所以,送礼物要有度,不要让别人产生心理负担。

> 你把它退回去吧,我不能收……谢谢你!

礼物代表的是情谊，太过贵重不一定是好事。

我说大熊呀，哪有像你这么送礼的啊？快，给森林里的小动物们都分一分。

啊，不是多多益善吗？

哈哈，你们说得对！

大熊，谢谢你！但是我吃不完的，我们一起送给其他小伙伴，好不好？

送礼在合适的范围内，大家都很高兴。

别老想别人
该如何如何

老想着别人该如何如何，对别人高要求、对自己就降低要求的人，是不是有点儿自私呢？

> 红狐狸可真是的，跟那两个傻乎乎的家伙一起玩，不带我。哼！

尼采说了什么

别老想着别人该如何如何。不肆意判断他人，不评估他人的价值，不在背后说人闲话。

别老想着他人如何如何。尽可能少做类似的想象。这便是好人的证明。

——编译自《曙光》

芊芊发现一个问题，同学们似乎都躲着她，不喜欢和她一起玩。她寻思：我是一个还不错的人啊，没有什么坏心眼，又大方，有什么好东西都愿意带到班里跟同学们分享，但大家为什么就是不爱跟我玩呢？

在每个月的"心理教室"谈话中，芊芊把苦恼告诉了心理老师。

心理老师知道了芊芊的心事，就去找同学们了解了一番，并找到了原因。

原来是，芊芊经常对别人的要求很高，还喜欢在背后评价其他同学。

比如，班主任不让同学们带稀奇古怪的橡皮到教室，避免上课玩橡皮分心，芊芊有一次发现同桌的书包里有一袋动物橡皮擦，她就二话不说，举手告诉班主任了。同桌很委屈："我虽然带了，但这是我上学途中校车邻座送给我的，我并没有拿出来啊！"但芊芊还是义正词严地说："不管拿没拿出来，带了就违反了规定！"

有一次，小美的裙子被同学不小心蹭脏了一块，芊芊无意中看到了，就觉得小美不讲卫生，还对其他同学说："你们看，小美的裙子那么脏，这要是有人来做仪表评分，我们班肯定又要落后了！"

还有一次，男生冬冬生病了，请了一天病假，本来轮到他做值日的，就顺延给了芊芊。芊芊倒是愿意做值日，但她却说："该做值日了，请假了，这明显就是逃避劳动嘛！"

大家排练诗歌朗诵的时候，轩轩因为胆子小，总是哆哆嗦嗦，声音很小，芊芊就说："轩轩，你还是回去多背背吧！背它个一百五十遍！等你背熟了，再紧张也能跟上大家的节奏了，不然，你站在台上就是凑数，拖我们的后腿……"

还有还有，芊芊是语文课代表，每周要引领大家早读，她拿着书，站在讲台上，把大家盯得可紧了："王子涵！你大声点儿！""小美，你是不是回家又没复习？！"……俨然一个比老师还严格的小老师。

心理老师找来了芊芊，把同学们反映的情况都给她复述了一遍。

芊芊觉得自己根本没有问题啊！她说："我让大家早读认真点儿、大声点儿，有错吗？"心理老师说："没错，但是你的语气呢？是和气的，还是很凶的？是帮助别人的态度，还是批评别人的态度呢？"

芊芊不说话了。

心理老师语重心长地对芊芊说："芊芊，爱学习、爱劳动都是好习惯，可是对同学要求太高，甚至背后说同学坏话，可不是一个好习惯。对待同学是不是可以宽容一些呢？班级里的每个学生都有自己的优点和缺点，如果你老盯着别人的缺点，看不到别人优秀的地方，你肯定就会很苛刻，谁会愿意跟一个老挑自己毛病的人做朋友呢……"

芊芊听了老师的话，一下就明白了。

后来，她听了心理老师的建议，多去看同学的优点，少去批评和评论别人，在早读的时候，她也注意了自己的沟通方式，慢慢地，她身边的小伙伴也多了起来。这样一来，芊芊发现自己比以前更开心了。

在背后说闲话，随意地评判别人，是很不礼貌的行为。我们不妨换位思考一下，如果有人在背后说你这不行、那不行，你是不是也不愿意跟这个人来往呢？

有时候，我们说别人，自己觉得就是开了一句玩笑，可是"言者无心，听者有意"。所以，一定要谨言慎行才行。事实上，能长期坚持不随意评判他人、不说别人闲话是很难的，很多大人都很难遵守，我们要从小就把它作为自己的一个人生准则来要求自己，尽量做到。

> 班级里的每个学生都有自己的优点和缺点，如果你老盯着别人的缺点，看不到别人优秀的地方，你肯定就会很苛刻，谁会愿意跟一个老挑自己毛病的人做朋友呢……

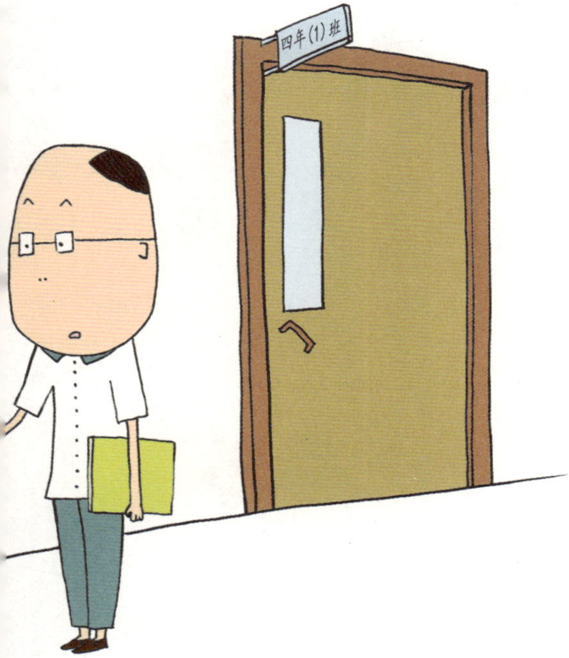
四年(1)班

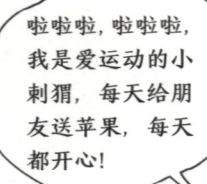

啦啦啦，啦啦啦，我是爱运动的小刺猬，每天给朋友送苹果，每天都开心！

这又是小刺猬来给我们送苹果了吧？可是他怎么没进屋啊？

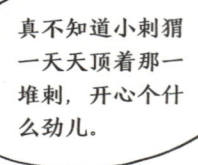

真不知道小刺猬一天天顶着那一堆刺，开心个什么劲儿。

一定是你刚才说的话，让他伤心了。

你怎么能这样背后说小刺猬的坏话呢？那身刺可是小刺猬保护自己的法宝呀！

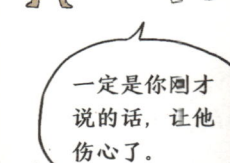

不要随意在背后评判一个人，这是一个很不好的行为。

要做一个谨言慎行、不随意评价他人的人。

没有思考，体验就没有价值

思考就像是一段探索、发现的旅程，可能你正经过一条再熟悉不过的小路，但思考会让你发现这条小路竟藏着那么多有趣的奥秘与宝藏。

> 我一定是被骗了，这样根本喝不到水啊！

尼采说了什么

体验的确重要,人会在体验中成长。然而,并不是说你体验得多,就能比别人高出一等。

体验过后,若是不能仔细思考,体验便毫无益处。无论你经历过了什么,若是不仔细思考,便无异于囫囵吞枣。这样你无法从体验中学到任何东西,也无法掌握任何东西。

——编译自《人性的,太人性的》

苗苗学大提琴有一年多了，一直在稳稳地进步。可是，最近这两周，她遇到困难了。

妈妈观察了苗苗的表现，发现她上课非常认真，老师的提问也都能回答上来，可是不知道为什么，新曲子《第三号小步舞曲》她就是学得很慢，学会了以后，也是拉得磕磕绊绊。

那一定是因为学习太累了！所以妈妈给她暂停了一次大提琴课，让她休息休息。可是休息过后，苗苗再拿起琴，拉得更差了。

眼看着同学一个比一个拉得流畅，苗苗也着急了，可是越着急，拉得越是手忙脚乱，连基本的音准都做不到了⋯⋯

"下周不想去了⋯⋯"苗苗在回家路上对妈妈说。

"随随便便就放弃可不行！"妈妈一边开车一边说，"你想想你这一年，从摸琴开始，到现在，吃了多少苦？光是手臂的姿势就练了多久？现在就只是卡在一首曲子上而已，我们一起来想办法吧！"

回到家里，妈妈买了一本音乐知识的书，和苗苗一起看。

苗苗知道了，小步舞曲，是一种起源于欧洲民间的舞曲，因为舞蹈的步子小而得名。小步舞曲的特点是速度中度，不能快，也不能慢，因为这样才能让舞步优雅。

然后妈妈又找了一些带小步舞曲的电影片段，和苗苗一起看。

苗苗看到在夏季舞会上，张灯结彩，绅士们在有风度地打着招呼，女士们摇着精巧的扇子，等待绅士的邀请。然后，他们开始跳舞了，舒缓的旋律，让他们的舞步从容不迫，快乐优雅⋯⋯

做了这些功课之后，苗苗再拿起琴，拉出来的旋律就不一样了，原来磕磕巴巴的旋律，变得简洁又清晰，轻盈又流畅。

通过这件小事，苗苗有了一个重要的心得：学什么，都要多去了解，多去思考，这样的过程，叫"走心"，只有从心里走过，体验才有了深度和广度，才不会那么容易被忘记。

其实呢，不只是学琴和学习课本上的知识，我们的生活，也需要"走心"。带着思考，然后整理心得，去生活，去与人相处，这些好的经验就会形成让我们一生受益的东西——阅历。

《乌鸦喝水》说的是往瓶里投石子，你扔树叶有什么用啊？

你真是"知其然而不知其所以然"。细沙是可以的，只要足够多。

啊？难道不是扔什么都可以吗？

嘿嘿……

你怎么不问问"为什么"呢？只看表面现象可不行。

呃，那为什么呢？

遇到事情要学会思考。

石子沉入水底，水就会慢慢升上来。这才是投石子能喝到水的原因。

那为什么投树叶就不行呢？

因为树叶的重量轻，只会漂在水面上。懂了吗？

我知道了，要选择会沉到水底的东西才行！

这不是刚刚弄半天都没喝到水，长教训了嘛！

已经开始思考原因了，有进步！

思考

体验加上思考才会让人有所收获。

遵守约定，不让别人等待

你一定不喜欢等人吧？因为等人的过程常常无奈又十分难熬，如果你意识到这一点，就会明白让人等待是一件十分不礼貌的事情。

咱们下午去看电影吧，我买到票啦！

好呀！不过，你可不要迟到。

尼采说了什么

连招呼都不打一声，却让他人等待，是极其恶劣的。这不仅仅是不讲礼貌、不遵守约定的问题。在他等待的时候，他会产生各种负面的情绪，比如担忧、猜疑，继而不快，甚至因此而愤慨。

也就是说，让别人等待，是一种极其不道德的行为，会降低你在他人心中的形象。

——编译自《人性的，太人性的》

期末考试快到了，豆丁和小铭计划这个周末一起去图书馆复习功课。于是约定周六上午九点，在图书馆门前会合。

周六早上七点半，闹钟响了。豆丁迷糊中摁下闹铃，继续睡，压根儿忘记了要去图书馆的事。

等他再次睁眼的时候，已经过了八点，他猛然清醒了，弹起来就冲去洗漱。等他折腾完坐上公交车时，已经八点四十五了。

"要不要给小铭打个电话说一声呢？"豆丁看看手表，"算了，让他先等一会儿吧，应该马上就到了。"

可是，堵车了。

九点十分时，小铭打来了电话。

"你到了吗？"小铭的语气带着担忧。

"快了快了。"豆丁敷衍着说。

豆丁到达图书馆的时候，已经过了十点。小铭黑着脸在那儿等着，因为等的时间太长，他看起来又疲惫又生气。因为迟到的事情，两个小伙伴虽然走进了图书馆，却都难以进入学习状态。

中午，憋着一肚子火的小铭提议说，先去吃饭，下午再重新开始。

"你等我一下，我做完这道题……唉，上午啥也没干成……"豆丁说。

听了这话，小铭终于爆发了："等你等你！凭什么让人等你啊！上午啥也没干成，还不都是因为等了你一个多钟头！你自己不守时，还要浪费别人的时间！再不等你了，我吃饭去了，下午还有别的计划呢！"

小铭说完就自己吃饭去了。

豆丁惊呆了,他看着小铭走出去,心里很不舒服。他先是觉得委屈,觉得小铭不是好兄弟吗?发那么大的火至于吗?但冷静下来后,他觉得小铭说得没错,是自己没有遵守约定,别人没有义务等自己。

等小铭回来,豆丁十分诚恳地向他道了歉。

小铭从衣服兜里掏出一个三明治,递给豆丁:"给你买的……"

遵守约定,不让别人等你,是和人交往时的重要准则。因为等待常常意味着白白浪费时间,打乱计划。等的时间越久,人的情绪就会越坏,甚至从"担忧"最终升级为"愤慨"。想想你自己等人的经历,也很不愉快吧?那么,换位思考,我们也要学会不让别人等待。

如果遇到了意外情况,导致你没办法遵守约定的时间,那一定要尽早地跟对方打声招呼,说明情况,表示抱歉,也好让对方及时调整计划。

总之,养成遵守约定的好习惯,不让别人等待,是基本的社交礼仪,无论何时,都应该做到。

和人约定好了时间，就要做好准备，不要让人等待。

别找啦！我帮你刷公交卡可以吗？别让我再等啦！拜托你，快一点儿吧！

对不起对不起，我错了，你别生气了，我们出门吧！

如果没有办法遵守约定的时间，要提前和对方打招呼。

不要吹嘘自己

事情都是做出来的,而不是吹牛吹出来的。那些总喜欢吹嘘自己如何能干的人,在真正去做事情的时候,又会怎么样呢?

> 我是森林里最勤快的小动物,我每天都能采到好多好多花蜜!

> 你少吹牛啦!我帮花朵传播花粉,比你勤快了一千倍还不止呢!

尼采说了什么

人品极为重要。人们赞同一个人，大多数时候并非赞同某人的意见或主意，而是他的人品。

爱吹嘘的人，任你如何吹嘘自己的人品，都无法赢得他人的信赖。人们反而会信任、赞同那些做好事不留名的人。

——编译自《快乐的知识》

"同学们，学校要举办一次'我爱记古诗'的比赛，让每个班派两名同学参赛。有愿意主动报名的吗？"周一上午，张老师宣布了这个消息。

小美站了起来说："老师，我报名。"

这时，豆丁也站了起来，自信满满地说："让我去吧。我转学到这里之前，就拿过学校组织的诗词比赛的大奖，那段时间，连高年级的同学都认识我，好多人见了我都会说一句'你真行！'你们放心吧，我一定能给咱们班拿一个第一名回来！"

张老师高兴地说："行！就你们俩！"

放学的时候，张老师给了小美和豆丁一些复习资料，又嘱咐了一遍："你们代表班级出战，一定要展现出咱们班的最高水平来！好好准备！"

小美郑重地点了点头。

豆丁说："我的古诗词储备没几个人比得上，哪怕不准备我都会做得很好的。您放心吧，张老师。"

比赛的日子到了，小美和豆丁代表班里参赛了。

赛场上，小美对答如流。可是豆丁却状况不断，根本没答上来几个。

最后他们俩就拿了一个第四名回来。

小美非常沮丧，她生气地看着豆丁说："你说好的拿第一名，你也太不给力了！就知道吹牛！哼！"豆丁真是恨不得找个地缝钻下去。

豆丁回家后，跟妈妈诉苦说："我其实也准备了。只是那些题居然都是我没见过的，一下给我整蒙了……"

"这说明你的古诗词储备量就是没有小美多啊，然后你在不知道自己有多少储备的情况下，还嘚瑟地跟别人吹嘘你可以……"

豆丁低着头说："唉，早知道不说大话了，说大话的结果就是丢脸丢到姥爷家啦！"妈妈说："那以后你就把说大话这个毛病改改，不管啥事，能做到多少，咱就说能做到多少，可以吗？"

在学校里，大家都想好好表现自己，获得别人的肯定和赞美，因为我们都有一颗努力进取的心。但是，做任何事都需要实事求是、脚踏实地，而不是依靠嘴巴上的吹嘘，毕竟靠吹嘘得来的东西是不会长久的，因为事实和真相总会出现，当别人发现你只是会吹牛的时候，你不仅不会得到赞美或崇拜，还会受到嘲笑，并失去他人的信任。

兔子老弟，我闭着眼睛，都比你跑得快，你趁早认输吧。

不努力试一试怎么知道结果呢？

哈哈……

准备好了吗？

没问题！快开始吧！

嗯，准备好了！

小狼，你怎么掉到坑里了？我去找人救你。

没事，我跳高超厉害的，一跳就上去了。你别管我了。

不要因为面子问题就向小伙伴吹嘘自己有多厉害。

实话实说才能解决问题，帮助自己走出困境。

耐心一点儿，静静等候事情完成

生活中很多想要做好的事情，都是需要花费时间和精力的，如果没有耐心为它做好充分准备，而是草草完成，结果往往不尽如人意。

> 奇怪，做法都是一样的，为什么我做的汤没有熊猫大厨的好喝呢？

尼采说了什么

　　无论是完成工作，还是创作作品，都需要耐心。欲速则不达。

　　因此，完成一件事的关键，并非才能或技术，而是相信时间的催熟作用，以及不断走下去的气质。

　　——编译自《人性的，太人性的》

周六，爸爸说要带豆丁去钓鱼，豆丁可高兴啦，因为平时爸爸每次钓鱼都满载而归，这次终于也轮到他来一展身手了！

出发前，爸爸检查了钓鱼需要用到的工具：鱼竿、钓线、饵料和用来装鱼的铁桶……豆丁一直催促着："爸爸，快点儿呀。"爸爸说："要有点儿耐心，工具不齐全，就算你再厉害，也没法儿钓鱼哟。"

终于到了河边，豆丁自信满满，按照爸爸教过他的办法，将饵料安装在鱼钩上，挑好位置，用力一甩，端端正正地坐在板凳上等待鱼儿上钩。

这时候，爸爸还在慢吞吞穿饵料呢。

"你这速度太慢了！"豆丁笑着说，"今天你就看我的吧，我一定比你钓得多！"

爸爸不慌不忙地坐下，说："是吗？那我们就来比赛吧。"

时间一点儿一点儿过去了，鱼竿却还没有丝毫动静，豆丁感觉坐得好累，忍不住开始踢脚下的石头玩。

爸爸却看上去悠闲自在。

豆丁忍不住问："爸爸，这条河里真的有鱼吗？"

爸爸说："当然有啦，你平时喝的鱼汤，都是在这里钓的鱼熬的。"

豆丁又等了一会儿，感觉身上这里痒、那里痒，屁股也坐酸了，索性放下鱼竿站起来走走。哎呀，这河边长了很多蒲公英啊！他掐了一朵蒲公英，对着天空就是一顿吹。然后，他又走到一棵树下四处张望，正当他自言自语"这树上有果子吗"的时候，爸爸抬起鱼竿，只见一条大鱼正扑腾着露出水面。

豆丁气恼地说："为什么我就钓不到鱼呢？"

爸爸一边把鱼放进水桶里，一边笑着说："傻孩子，钓鱼光有技术是不够的，还要有耐心，你看，我只比你多耐心地坚持了几分钟，不就钓到鱼了吗？"

不管要做成什么事，才能和技术都很重要，它们让我们有能力去应对碰到的难题。

可是有时候，光有这些还不够，我们还需要多一点儿耐心。事先多花一些时间去做好准备，这样我们才能把任务完成得更顺利。而在做事的过程中，多一些耐心，我们可能会获得意料之外的收获。

> 做事的过程中，多一些耐心，我们可能会获得意料之外的收获。

做事情要有耐心，千万不要老想着节省时间。

耐心够，功夫到家，做什么事最后都一定会成功。

热爱学习的人，不会感到无聊

你觉得学习有趣吗？对于你身边那些热爱学习的同学，你是不是很好奇他们会不会感到无聊？其实，学习本身是有枯燥的时候，但是一旦钻研进去就不一样了。

尼采说了什么

不断学习，积累知识，并将知识提高到教养与智慧高度的人，不会感到无趣。因为他们对所有事情的兴趣，都是一天比一天更强烈。即便他们的所见所闻与他人相同，他们也能从普通的事情中轻而易举地发现教训与提示。

对他们来说，世界永远都不会让他们厌倦。他们就好像身处热带雨林的植物学家一样，每天的生活都充满发现与探索，因此他们绝不会感到无聊。

——编译自《人性的，太人性的》

小宝这周的语文测验又没考好。

"唉！语文好难啊，好没意思啊！"他懊恼地想，学习太无聊了，幸好这周还有小新的生日派对，可以开心一下！

在小新的生日派对上，小宝和朋友们吃啊、玩啊、闹啊，心情可真是愉悦。

最后，大家玩累了，坐下休息吃水果，开始聊起天来。小新的妈妈提议："要不大家都聊聊最近在学什么吧？"

小宝咬着一块火龙果，呆滞了：我的天，怎么过生日也要聊学习啊……

小伙伴们似乎并不排斥这个话题。

"我最近开始学游泳了。"苗苗说，"你们知道吗？以前我可是站在洗澡的花洒下面都吓得要哭嘞，现在我一点儿也不怕水了，跳进泳池，感受水的浮力太好玩了！我恨不得天天待在水里不出来！"

"我在学大提琴。"小新说，"刚开始特别枯燥，慢慢会拉曲子以后，就觉得大提琴简直太棒了，让人可以暂时忘记一切，沉浸在乐曲里面。尤其是学习累了的时候，拉琴不仅能缓解压力，还能让心情变好。"

童童接着说："我跟你们不太一样，我最近在学写作。"

因为自己语文很差，小宝立刻专注地听童童怎么讲。

"我妈说，写作文的诀窍就是多阅读，她给我买了很多书，我很喜欢读，读书的时候，我就像进到另一个世界，看不一样的风景，体验不一样的生活，特别有趣。而且，读多了以后，我发现写作文的时候，一些好的句子自己就冒出来了……一点儿都不需要绞尽脑汁，灵感就像小鱼吐泡泡一样，啵啵啵就出来了……"

小新妈妈赞赏地笑着说："是呀，童童，你现在讲话都好生动！"

随后，其他人还分享了别的学习方法，大家你一言我一语，聊得特别开心。

听着他们谈论对学习的感受，小宝才知道：原来学习这件事，不只是上学上课啊！

"我也从阅读开始加油吧！"回家的路上，小宝在心里鼓励自己。

对有些还没找到学习乐趣的人来说，学习是一件艰辛又枯燥的事。但是，如果你再坚持坚持，或许就能亲身体会到学习的乐趣。当然，如果只是为了考试、应付老师和家长而学习，你不仅会感到没有乐趣，甚至会非常痛苦。

学习可不仅仅包含学科知识，还包含体育、音乐、绘画以及生活技巧、生存技能等好多方面，无论对哪一门感兴趣，只要你专注地学习一段时间，你都能从不会到会，从枯燥到享受，这可真是一个奇妙的过程，值得去体会！

学习的乐趣在不断钻研中得到更多的知识。

爸爸，大家都说学习很有意思，可我为什么觉得学习很无聊呢？

那是因为你还没找到学习的乐趣。别人还觉得你整天在树上荡来荡去很无聊呢……

我……可是他们说的那些我都学过呀！没啥意思啊！

那是因为你学了两天就歇菜了，哪里能发现其中的乐趣？

那我现在学跳高，还来得及吗？

当然了，我的傻儿子！想学永远都不晚。

学习任何时间开始都不算晚，所以从现在开始学习吧！

做好收尾工作，才算真正完成一件事情

什么是收尾工作？就是在把一件事情的主要内容完成后，接着完成剩下的一些细枝末节。这其实不难，但是有不少人会忽视收尾工作。

妈妈，我做完作业了，我去玩了！

别跑啊！你瞧你那桌子乱的！

尼采说了什么

建筑家的道德,便是在造好房子之后拆除脚手架。

园艺家的道德,便是在修剪枝丫之后把树枝与枯叶打扫干净。

同理,我们做完某事之后,切不可忘记收尾工作。这样一来,这件事才算是真正完结,画上圆满句号。

——编译自《人性的,太人性的》

小美最近迷上了做手工，这本来是件好事，但是，妈妈却跟着"受苦"了。

周末，小美写完作业，就拿出剪刀、胶水、无纺布等材料，准备做剪贴画。一小时后，剪贴画做好了。小美高兴地把它举起来，看了又看，在心里把自己夸赞了两遍，美滋滋地把它挂到了墙上，然后，坐到沙发上准备看动画片……

这时，妈妈问道："你做完了？"

小美眼睛盯着电视："嗯。"

"我看你没做完啊，你看这桌上。"妈妈指了指茶几。

茶几上全是无纺布碎片、干硬的胶水痕迹，一片狼藉。小美知道妈妈又在怪她不收拾了，就不情愿地收拾起桌子来。

几天后，班里要举行元旦小市集，需要几位同学简单装饰一下教室，小美自告奋勇地接下了任务。经过她精心设计，教室布置得很不错，老师和同学们都夸赞小美做的花球和彩条很漂亮。然而，和小美一起布置教室的几位同学却不大高兴。

"这个小美，做事不做完，折好花球就跑了，留了一大堆纸屑在地上，我们打扫了好半天。"一位同学皱着眉头说。

"是啊，她还留了些没用完的纸，还有一管只剩一点儿的胶水，我不知道她还要不要，只好先收在我的课桌里，都塞满了！"另一位同学说。

老师听到了同学们的埋怨，就找小美聊了聊。

老师说："收拾桌子，和准备材料、做花球一样，也是做手工的一部分。你不要觉得做花球是主要的,东西做好了就没事了,你不收拾好,就等于没做完……"

小美在家被妈妈说,在学校被老师说,这让她下定决心必须改一改才行!

尼采爷爷用建筑家拆除脚手架、园艺家打扫树枝枯叶的例子,解释了什么叫"收尾工作"。你也许在生活和学习中也听到过类似的教导:"做事不要'留尾巴'。"我们做事情的时候,不要觉得主要的工作完成了,剩下的细枝末节就不重要了。实际上,收尾工作不做好,就不算有始有终地完成一件事,而且这种"留尾巴"的行为也很不受欢迎,因为你遗留的"尾巴"总要有人来收拾,这就给别人增添了麻烦。

> 这个小美,做事不做完,折好花球就跑了,留了一大堆纸屑在地上!我们打扫了好半天。

完成一件事情，不要留尾巴。

只有做好收尾工作，事情才算圆满结束。